DU MÊME AUTEUR

La Guerre dans les Vosges.

La Vie Judiciaire en pays envahi.

Le Coq de Bruyère.

(Éditions du « Pays lorrain ».)

LOUIS SADOUL

LES CRIMES DES "CARDINAUX"

(Vittel-1804)

PRÉFACE DE Me HENRI-ROBERT
DE L'ACADÉMIE FRANÇAISE

ALBIN MICHEL, ÉDITEUR
PARIS — 22, RUE HUYGHENS, 22 — PARIS

LES CRIMES DES « CARDINAUX »

LOUÏS SADOUL

LES CRIMES DES "CARDINAUX"

(Vittel - 1804)

Préface de Me HENRI-ROBERT de l'Académie française.

ALBIN MICHEL, ÉDITEUR
PARIS — 22, RUE HUYGHENS 22, — PARIS

Il a été tiré de cet ouvrage
25 exemplaires sur vergé pur fil
Vincent Montgolfier
numérotés de 1 à 25.
(Hors Commerce)

PRÉFACE

Les récits de crimes célèbres ont toujours eu un vif succès de curiosité. Nous ne saurions nous en étonner.

Car, de même qu'il n'est rien de plus émouvant que certaines audiences de Cour d'Assises, auprès desquelles le meilleur théâtre paraît artificiel et fade, de même le simple exposé, tout nu, d'une belle cause criminelle est souvent plus attachant que bien des romans.

Mais l'intérêt humain et documentaire de tels récits peut n'en être pas le seul mérite. Et c'est, notamment, le cas lorsque l'auteur en est un magistrat expérimenté, psychologue, philosophe, doublé d'un fin lettré et d'un érudit. Là, le plaisir d'un style net et pur s'ajoute pour le lecteur à l'intérêt qu'il prend aux péripéties de l'affaire.

Lorsque cette affaire ressuscite tout un cadre disparu, lorsqu'elle évoque, en un coin pittoresque de notre belle France, les répercussions sociales des grands bouleversements politiques de notre histoire, lorsqu'elle fait revivre des mœurs et des pratiques judiciaires abolies, lorsqu'enfin elle nous donne à penser sur la fragilité de nos convictions et l'infirmité de notre jugement... alors plus rien ne lui manque pour captiver le public le plus difficile et pour satisfaire l'esprit le plus exigeant.

Chacun connaît, en ce genre où il est passé maître, la belle série des œuvres de M. Bouchardon, le grand magistrat parisien.

Voici qu'un de ses collègues de province, M. Louis Sadoul, s'engage à son tour dans la même voie et sait, dès l'abord, se montrer digne d'un tel modèle.

Toute sa carrière, il est vrai, semblait l'y prédestiner.

Avant que d'être un des magistrats les plus distingués de la Cour d'Appel de Nancy, où il remplit avec autant de conscience que d'autorité les si délicates fonctions de Président d'Assises,

M. Louis Sadoul avait, brillamment, exercé celles de Juge d'instruction.

Un magistrat qui aime vraiment son métier s'y complaît jusque dans ses divertissements.

On ne s'étonnera donc pas que M. Louis Sadoul ait occupé ses studieux loisirs à feuilleter, puis à relire et si l'on peut dire à revivre, pour son plaisir d'abord, et maintenant pour le nôtre, un volumineux dossier, vieux de 120 ans, conservé au Greffe du Tribunal d'Épinal.

C'était, intacte et complète, toute la procédure d'instruction d'une très grave affaire criminelle, aujourd'hui bien oubliée, mais qui avait, à l'époque, suscité, dans toute la région, une émotion considérable.

Et ce retentissement s'explique, si l'on songe que cinq exécutions capitales, sur la place d'Épinal, le 29 Fructidor, an XIII (16 septembre 1805) en avaient été, après plus d'un an de recherches, le dénouement impressionnant... et impatiemment attendu.

Car nul, alors, n'avait, un seul instant, douté que les cinq têtes, tombées, ce jour-là, sous le couperet du bourreau, fussent bien — et sans erreur possible — celles de cinq grands coupables, de cinq criminels endurcis, dignes du châtiment suprême et dont les méfaits, sans nombre, frappaient l'imagination de stupeur, d'épouvante et d'horreur.

Aussi le souvenir s'en était-il longtemps perpétué.

Et naguère encore, paraît-il, les vieilles gens de Vittel ou d'Épinal ne se rappelaient pas sans frémir, d'avoir ouï parler, en leur jeunesse, des fameux « Crimes des Cardinaux ».

Crimes horribles, si l'on en croyait la renommée, crimes perpétrés, avec une sauvagerie inouïe, dans l'ombre propice de la nuit, crimes longtemps ignorés, tout enveloppés d'une atmosphère de terreur et de mystère, et que nul, sans doute, n'eût pu raconter ou seulement dénombrer exactement, mais dont l'impression n'était que plus forte et l'authenticité plus indiscutée.

Pourquoi les appelait-on « les Crimes des Cardinaux » ?

Car, est-il besoin de le dire, aucun des soixante-dix prélats du Sacré-Collège n'avait été, de près ou de loin, mêlé à cette troublante affaire, — et l'on ne voit vraiment pas quel lien les accusés, gens de la plus détestable réputation, violents, grossiers et vindicatifs, auraient bien pu avoir avec les Princes de l'Église à moins que l'imagination populaire, en se les représentant tout rouges du sang de leurs innombrables victimes, ait précisément évoqué l'image de la pourpre cardinalice ?

Quoi qu'il en soit, si l'on frémissait, alors, en songeant à l'atrocité de leurs crimes, nous avons aujourd'hui, en lisant le remarquable ouvrage de M. Louis Sadoul, un tout autre sujet d'angoisse : à la lumière de ses observations, de sa rigoureuse analyse critique et des données nouvelles de la science, la question de culpabilité se pose.

Elle semble même devoir être résolue par la négative. Que dis-je ? l'acquittement ne s'impose-t-il pas puisque le doute nous étreint ? Et nous frémissons, à notre tour, mais c'est à la pensée que l'implacable sentence prononcée voici 120 ans par la Cour de Justice Criminelle a, sans doute, consacré une effroyable erreur judiciaire.

Notre cœur se serre, à l'évocation de cette quintuple exécution capitale qui mêla, au pied de l'échafaud d'Épinal, le sang, vraisemblablement innocent, d'une mère, d'une fille et de ses trois fils.

Monstrueuse erreur ! Et pourtant erreur de

magistrats consciencieux, sincèrement attachés à la recherche de la vérité.

C'est bien là ce qui nous trouble. Car lorsqu'on relit le compte rendu impartial de cette laborieuse instruction, l'erreur de ces juges s'explique et l'on serait presque tenté de dire qu'elle se justifie, tant les témoignages et les circonstances semblaient concourir à la rendre inévitable.

Qu'a-t-il donc fallu pour cela ?

Simplement qu'une instruction fût conduite avec l'idée préconçue que l'on tenait bien les coupables.

Et simplement que ceux-ci eussent auparavant accumulé sur leurs têtes toutes les haines et tous les malveillants commérages d'un petit village.

Ajoutez à cela, si vous voulez, que l'ordre des Avocats, supprimé par la Révolution, n'avait pas encore été rétabli.

Il y avait bien, il est vrai, des défenseurs officieux. Mais ceux-ci, absents de toute l'instruction, n'intervenaient qu'à l'audience et, là, connaissant mal la genèse de l'affaire et impressionnés peut-être par la clameur publique, hostile aux accusés, ils ne semblent pas avoir soutenu leur cause avec beaucoup de conviction.

Voilà de quoi est faite une erreur judiciaire.

Quelle leçon pour des magistrats trop sûrs d'eux-mêmes et qui négligent de vérifier, point par point, tous les éléments d'une accusation.

Ce travail, malgré plus d'un siècle écoulé, M. Sadoul a eu la méritoire patience de l'entreprendre et l'heureuse fortune de le mener à bien.

Mais alors que ses prédécesseurs de l'an XIII n'avaient cherché à établir que la culpabilité des « Cardinaux » à laquelle ils croyaient, il s'est inquiété, lui, de démontrer la fragilité ou même l'inexistence des soi-disant charges recueillies.

En somme, il a étudié le dossier avec l'état d'esprit d'un avocat qui prend, d'instinct, le contre-pied de l'accusation.

Je m'en voudrais de venir déflorer, dans cette préface, les très intéressantes et probantes découvertes dont il a tout le mérite.

Après avoir lu l'exposé qu'il en fait, vous estimerez, sans doute, comme moi, que toute plaidoirie est inutile en faveur des accusés.

Vous estimerez aussi, j'en suis sûr, que tout éloge est superflu à l'adresse de M. Sadoul et que son œuvre se recommande d'elle-même.

Si je dois ici implorer l'indulgence du lecteur, ce ne saurait donc être qu'en ma faveur puisque je suis coupable d'avoir, par mes trop longues digressions, retardé pour lui le plaisir que lui fera goûter ce livre.

Mais je me rassure en pensant qu'on ne lit guère les préfaces ou, du moins, qu'on ne les lit qu'en tout dernier lieu.

Leur seule utilité est de rendre quelque assurance à un auteur dont l'excessive modestie s'inquiète d'affronter, seul, le jugement du public.

Il a raison, dès lors, de demander une ennuyeuse préface à un ami, car c'est celui-ci qui détourne, sur lui-même, toute la sévérité du lecteur impatient.

HENRI-ROBERT,
de l'Académie Française.

LES CRIMES DES « CARDINAUX »

I

LES SQUELETTES DE LA CARRIÈRE

Le 23 ventôse an XII de la République Française, une et indivisible (mercredi 14 mars 1804), le village de Vittel est en ébullition.

Les dentellières ont abandonné leurs fuseaux et jacassent inlassablement, les hommes pérorent, discutent, l'air tragique, le visage soucieux ; les gamins sont partout, mais, pour une fois, ils se taisent, car ils ont peur. Hommes et femmes, d'ailleurs, ne semblent pas beaucoup plus rassurés.

Monsieur le Juge de Paix, Jean Balthazard Thouvenel, officier de police pour le canton de Vittel, s'en va faire un transport de justice.

Dans ce petit village, d'horribles crimes ont été commis.

Le samedi 19 ventôse, deux ouvriers, Alexis Rat et Joseph Bigot, travaillaient à la carrière communale, le long de la « *Grande Voie* ». Leurs pelles ont ramené des ossements humains, des têtes, des tibias. Le 21 et le 22 ventôse, les sinistres découvertes ont continué. Dans la carrière, il y a tout un charnier.

Alors Monsieur le Juge de Paix Thouvenel se transporte. Des notables l'accompagnent, les citoyens Martin, maire, Barjonnet, receveur d'enregistrement, Léonard, Saussard, membres du collège électoral. Un grand nombre d'autres citoyens les suivent, plus de 200, presque tout le village.

Au bout de la grande voie, près de la carrière, au milieu de la foule angoissée, l'enquête commence.

Les ouvriers déclarent au juge que, le samedi 19, ils ont trouvé une tête, puis les jours qui suivirent d'autres têtes encore, que, sans doute, ces crânes ne sont pas tout à fait intacts, mais, qu'à leur avis, il y en a au moins quatre.

On montre ces têtes au juge. Les os sont détachés les uns des autres, les crânes dessoudés, mais, on constate parfaitement qu'il y a des os de plusieurs têtes. Il y a aussi d'autres ossements, des vertèbres, des os de cuisses, de jambes, de bras. D'autres débris ont été rejetés sans grand soin au fond de la carrière ; on ne les recherche pas, il y en a bien assez comme cela.

Un premier renseignement, mais il est d'importance. De qui émane-t-il ? Le juge ne le dit pas ; la foule tout entière le lui a donné.

Il y a huit ou dix ans au plus, Blaise Pierrot, qui habite en face de la carrière, voulut exhausser sa maison. Il fit extraire de la pierre dans la carrière communale, qu'il fit ensuite refermer, après quinze jours d'exploitation. C'est dans cette partie exploitée, dans le trou rebouché vers 1794, que les cadavres viennent d'être découverts. Pas de doute ; ils ont été enterrés là, il y a huit à dix ans tout au plus.

Le juge de paix fait continuer les fouilles. « Quelques coups de bêche et de pioche, écrit-il, déterrent encore plusieurs ossements humains et nous font découvrir plusieurs os se touchant les uns les autres et figurant une cinquième tête, mais en voulant les enlever, nous les trouvons tous désunis. Un coup de pioche donné plus profondément ramène une mâchoire inférieure « garnie de toutes ses dents. »

D'où viennent ces cadavres ?

Le Juge ne peut recevoir en une forme régulière les renseignements qui partent de la foule. Il les résume dans son procès-verbal et il les note avec assez de clarté. Il connaît son métier. Dans une information qui commence, il ne doit rien négliger.

Plusieurs citoyens ont remarqué pendant nombre d'années des épines et des fagots déposés sur ce terrain.

Les épines ont pourri sur place. Sans doute cela était fait à dessein d'empêcher les chiens de découvrir les cadavres..

Les constatations continuent. L'une frappe le juge de paix. Il ne se rappelle pas maintenant avoir rencontré aucune portion de côtes dans tous ces ossements épars. Ce sont néanmoins, pense-t-il, les os que l'on aurait dû trouver le plus fréquemment. Et il conclut : « Cela nous ferait présumer que les auteurs de ces meurtres auraient fait manger les cadavres par des chiens, et que les os minces et tendres des côtes auraient été dévorés pour la plus grande partie avec les chairs. »

Pour tous, c'est l'évidence même.

La foule a une autre idée encore. Elle a jailli

très vite, mais elle s'est imposée à tous, nul ne la discute.

« L'opinion publique est, continue le juge, que ces assassinats ont été commis sur des marchands de bœufs du Morvan, qui fait actuellement partie des départements de la Côte-d'Or et de la Nièvre. Ces particuliers venaient tous les ans à Vittel pour leur commerce et on ne les a plus revus depuis huit à neuf ans. Le citoyen Moitessier a fortifié ce bruit. Il n'est pas là, mais il a dit, lundi dernier, chez le citoyen Saussard, qu'il se rappelle bien avoir beaucoup ouï parler, il y a huit ou neuf ans, dans le département de la Côte-d'Or, de plusieurs particuliers qui avaient disparu. Ce sont leurs ossements qui sont dans la carrière de Vittel. »

Enfin, les noms qui sont sur toutes les lèvres, sont lancés.

Le citoyen Barjonnet, alors homme de loi, aujourd'hui receveur de l'enregistrement, a été consulté jadis par un de ces marchands, porteur d'un titre de cent louis contre le citoyen François Arnould, de Vittel, qui était en société de commerce de bœufs, chevaux, et autre bétail, avec ses deux frères, dont l'un reste à Senonges et l'autre à Lignéville.

Le même citoyen Barjonnet et plusieurs autres personnes ont vu aussi, sans pouvoir indiquer l'année, deux ou trois de ces marchands de bœufs attendre plusieurs jours à Vittel les frères Arnould ; ensuite, après leur arrivée, passer ensemble trois ou quatre jours, allant boire continuellement de cabaret en cabaret. Ils allaient même, et souvent, jusqu'à l'auberge Audinot à Remoncourt.

Ces Arnould sont suspects. Chacun inculpe ces particuliers.

Prudemment, le juge termine : « Une information légale seule pourra apprécier le mérite de tous ces on-dit, et il souligne ce mot de doute. « C'est ainsi, ajoute-t-il, qu'on pourra découvrir les auteurs de ces cruels et atroces forfaits. »

Le lendemain, jeudi vingt-quatre ventôse, nouveau transport, nouveau procès-verbal. Même assistance, surexcitation croissante.

Nous avons appris, dit M. Thouvenel, qu'il avait été trouvé une sixième tête. « Les ouvriers nous ont montré la plus grande partie des os d'une tête ; il y avait une mâchoire inférieure garnie de toutes ses dents. Cette tête était plus petite que les autres. Elle semble être celle d'un enfant de quatorze à quinze ans. »

Le citoyen maire de Vittel rassemble tous les ossements dans une corbeille et les fait déposer à l'église.

Les cadavres sont là, mais où sont les assassins ?

Un nom, toujours, celui des Arnould. La nuit a fortifié les soupçons. Les frères Arnould sont absents, mais un observateur perspicace remarque que, ni la veille, ni ce jour, la mère et la sœur des Arnould ne se sont montrées. Cependant, deux cents personnes au moins étaient là ; le rassemblement allait jusque devant leur maison ; ces femmes n'ont pu ignorer la découverte des cadavres. Leur attitude est bien étrange.

Enfin, Thérèse, la sœur des Arnould, paraît. Le juge l'interroge, sans affectation, observe-t-il, et au même titre que les autres personnes présentes.

Elle n'a jamais vu chez sa mère de marchands de bestiaux avec lesquels ses frères pouvaient être en relations. D'ailleurs, sa mère et elle s'absentent une partie de l'année pour aller en moisson dans le voisinage de Paris.

Sur ces questions vagues, le procès verbal se termine sur cette constatation : « La fille Arnould eut à essuyer de la part des assistants quantité de propos méchants et ironiques qui, si elle en eût douté, l'auraient bien convaincue que l'on soupçonnait ses frères d'être les auteurs de ces assassinats et que l'on ne l'en croyait pas ignorante. »

L'opinion de la foule est faite et bien faite ; la conviction de M. le Juge de paix Thouvenel, dans l'apparente impartialité du procès-verbal, n'est pas moins solide.

D'horribles assassinats, six au moins puisqu'il y a six têtes, ont été commis à Vittel. Une information judiciaire fera seule, le juge l'a écrit la veille, découvrir les auteurs de ces cruels et atroces forfaits.

Mais au fond, en est-il besoin ? La vérité n'est-elle pas déjà éclatante ? Les assassins, chacun les connaît, le doute n'est pas possible. Ce sont les trois frères Arnould, François, Joseph et Sébastien ; c'est leur mère, la vieille Agnès, leur sœur Thérèse, peut-être bien aussi la femme de François. Si ce n'étaient pas eux, qui serait-ce ? A Vittel, il n'y a que de braves gens, si l'on excepte les Arnould.

Et les victimes, pas de doute non plus, ce sont ces marchands de bœufs du Morvan qui fréquentaient les foires des Vosges et que l'on n'a pas revus.

Le juge de paix Thouvenel ne perd pas son temps. Il faut aller vite si l'on veut découvrir la vérité.

Le 26 ventôse, il fait examiner les ossements par un médecin, Jean-Nicolas Rambaud, ancien chirurgien de la Marine, en retraite à Vittel. La médecine légale était encore dans l'enfance et la carrière maritime du chirurgien Rambaud ne l'avait sans doute guère préparé à ces constatations délicates. Peu importe, il accepte sa mission, mais prudemment, il se borne à répondre, qu'après mûr examen, il n'a trouvé que des fémurs cassés, des cubitus et des radius aussi fracturés dans leur partie moyenne, des débris de mâchoire inférieure, les os de plusieurs têtes tout divisés. Après le plus scrupuleux examen, il ne peut déterminer au juste l'époque à laquelle ces ossements ont été enfouis, mais il est au courant de l'enquête et des dires des témoins. On lui a raconté que les ossements avaient été trouvés dans la terre rapportée là voilà quelques années et il pense alors que l'enfouissement remonte à huit ou neuf ans.

Entre temps, le juge de paix a envoyé un exprès à Mirecourt prévenir les magistrats du tribunal.

II

LES MAGISTRATS DE MIRECOURT

Le 28 ventôse, les magistrats de Mirecourt arrivent à Vittel. Charles François Delpierre, magistrat de sûreté, accompagne Jean-Baptiste Pommier, directeur du jury. Ce sont deux personnages considérés de leur petit pays.

Mirecourt, petite ville aujourd'hui un peu somnolente, était alors le centre actif de la plaine vosgienne. Les dentelles, la lutherie et les violons faisaient son commerce prospère. Sous les ducs de Lorraine, des juridictions importantes y avaient siégé. Mirecourt avait eu un instant le siège du tribunal départemental des Vosges ; des hommes de loi écoutés y vivaient en grand nombre. Son influence luttait avec celle d'Épinal, le chef-lieu, et laissait bien derrière Saint-

Dié ou Remiremont dont l'industrie n'avait pas encore fait la richesse.

Charles-François Delpierre était homme de loi à Mirecourt à l'époque de la révolution. Il a été élu, le 7 septembre 1791, administrateur du département ; il est devenu accusateur public près le tribunal criminel des Vosges, conseiller de préfecture en 1800, il est bientôt revenu au tribunal de Mirecourt dont il sera par la suite le Président. Sa famille est considérable. Il est le beau-frère de Joseph Hugo, l'ancien conventionnel, aujourd'hui Président de la Cour criminelle ; son frère cadet, Antoine, est Président de la Cour des Comptes, et sera bientôt baron de l'Empire.

Jean-Baptiste Pommier est directeur du jury d'arrondissement. Suivant la procédure criminelle d'alors, il fait fonctions de juge d'instruction. C'est un personnage influent, plus encore que Delpierre. Lui aussi était homme de loi à Mirecourt avant 1789 ; il a été commandant en second de la garde nationale, membre du directoire du district, juge au tribunal criminel.

Il a eu une singulière carrière judiciaire.

Le 11 septembre 1797, il a été appelé à la juridiction suprême et élu membre du tribunal de cassation. Son traitement était alors annuellement de 3.000 myriagrammes de froment, égal à l'indemnité des membres des assemblées législatives, traitement en nature qui évitait les inconvénients de l'instabilité des assignats et de la crise des changes. Au tribunal de Cassation Pommier est resté peu de temps ; il a quitté la juridiction suprême dès le 17 mai 1798 et il est revenu à Mirecourt pour y devenir modestement en 1801 juge d'instruction. L'empire fera de lui un receveur général des finances à Coblence, dans le département de Rhin et Moselle. C'est qu'il ne manquait pas de protection. Il est le beau-frère de François de Neufchâteau, l'enfant précoce qui versifiait à douze ans et attirait l'attention de Voltaire et qui devint magistrat du duché de Lorraine, puis de la Réunion. François de Neufchâteau, l'ancien ministre du Directoire, est alors président du Sénat des Consuls, Grand croix dans l'ordre de la Légion d'Honneur. Au nom du Sénat, il saluera, le jour du couronnement, Bonaparte, devenu empereur des Français. Pommier peut s'enorgueillir de cette alliance.

Le 28 ventôse, au greffe de la justice de paix de Vittel, à deux heures de relevée, Pommier ouvre son instruction. Les trois frères Arnould, leur mère, leur sœur, sont dès à présent inculpés d'assassinats.

Le premier témoin, François Rambaud, marchand à Vittel, est précis. Il signale qu'il y a sept ans, les trois frères Didiot, marchands de bêtes à cornes du Morvan, sont venus trois fois à Vittel, aux foires de mai, d'août et d'octobre, et que depuis on ne les a plus revus. Il ne sait rien des frères Didiot, sinon que l'un d'eux a épousé une demoiselle Gérardin au village tout proche de Bulgnéville et que le ménage s'est ensuite fixé à Neufchâteau. Les trois autres frères, personne ne sait ce qu'ils sont devenus.

Il ne peut pas dire autre chose, sinon que les Arnould, qu'on appelle plus couramment dans le pays les *Cardinaux*, jouissent d'une très mauvaise réputation.

C'est net, c'est clair, les Cardinaux sont de tristes gens ; les ossements qu'on vient de retrouver dans la carrière pourraient bien être ceux des frères Didiot, les marchands de bêtes à cornes qu'on n'a pas revus depuis sept ans. Il sera facile de le prouver, l'un d'eux s'est marié à Bulgnéville, à dix kilomètres de là, et il s'est fixé à Neufchâteau, le chef-lieu d'arrondissement voisin.

S'il n'est pas mort sous les coups des Arnould,

il expliquera alors comment ses frères ont disparu.

Les témoins qui suivirent apportèrent moins d'éclaircissements ; ils ne furent guère que les porte-paroles de la rumeur publique. Sous peine de rendre incompréhensible un récit compliqué, il ne m'est pas possible de reproduire dans leur ordre les pièces d'un vieux dossier, admirablement conservé. Ces dépositions, je dois les résumer, j'en retracerai fidèlement les éléments essentiels.

Les Cardinaux ne sont-ils pas depuis longtemps soupçonnés d'horribles choses.

L'ancien juge de paix de Vittel, Nicolas Humbert, le déclare. Il y a huit ans, sa sœur, la dame Remy Moitessier, aujourd'hui décédée, lui a raconté, qu'en passant près du lieu où récemment on a découvert les cadavres, elle avait remarqué une fosse fraîchement creusée et comblée. Le témoin n'a sur le moment prêté aucune attention à cette remarque, mais il regrette vivement aujourd'hui de n'avoir pas profité de cette indication, en sa qualité de Juge de paix, pour faire des recherches et des fouilles qui auraient pu le conduire à la connaissance de quelque assassinat.

C'est un soupçon bien vague, mais la détestable réputation des Arnould ne vient-elle pas lui donner créance ? Là-dessus, tout le monde est d'accord, les témoins sont unanimes. François surtout, l'aîné, est un très mauvais sujet. Il est associé avec son plus jeune frère Sébastien, qui habite Senonges, pour le commerce des bêtes à cornes. Le second, Joseph, est venu, voilà deux ans, de Lignéville à Vittel. Quelquefois lui aussi commerce avec ses frères, mais il est dans une situation plus modeste ; le plus souvent il travaille comme manœuvre. La sœur Thérèse a épousé Joseph Duvaux, elle habite Vittel avec sa mère Agnès Chassard, veuve en premières noces de François Arnould, en secondes noces de Gabriel Hocquart.

Tous ces gens-là n'ont pas le plus petit scrupule. Ce sont des ivrognes, ayant toujours la menace à la bouche, le bâton à la main. S'ils ont pu acquérir quelque aisance, c'est qu'ils n'ont jamais respecté le bien d'autrui. Les renseignements s'accumulent. Pas une voix ne s'élève pour défendre les frères Arnould ; la rumeur publique les accable et dresse la liste de leurs forfaits.

Ces forfaits, je ne puis en faire un exposé

complet qui serait d'une désespérante monotonie. Ils ne sont peut-être pas très graves, mais ils ne tiennent pas moins les trois quarts du dossier. Aux yeux du Juge qui ne trouve pas grand'chose à côté, aux regards de la foule qui depuis longtemps ne doute plus, ne montrent-ils pas que les Cardinaux sont capables de tout et qu'ils ont assassiné les marchands de bœufs.

Sur ces violences, sur ces soupçons de vols, sur la déplorable réputation des Arnould, les témoins se succèdent. Ils parlent peu des assassinats, mais sur ces menus faits, ils sont intarissables. Sans se lasser, le Juge écoute, il dicte et le greffier transcrit.

François Arnould a renversé d'un coup de poing Nicolas Vauqué, il a lancé une bouteille à la tête de Claude Jacquot, il a volé douze francs à Nicolas Audinot, il a menacé de son bâton l'un de ses créanciers, il a donné un coup de poing à un autre.

On fouille dans un lointain passé. François Arnould pourrait bien être l'auteur d'un vol commis jadis à Vittel, chez Claude Phélisse. En 1785, il y a presque vingt ans, un dimanche d'octobre, la veille d'une foire, un témoin croit bien l'avoir vu rôder autour de la maison Phélisse.

Avec son frère Sébastien, François a frappé si fort un certain Nicolas Biet, que celui-ci est mort un an après, sans doute des suites de ses blessures.

Joseph ne vaut pas mieux. On le soupçonne d'avoir volé une montre chez l'aubergiste Huot.

Peut-être aussi a-t-il cherché à dévaliser Charles Purey et Dominique Thomas, salinier. Il les a rencontrés la nuit et s'il ne leur a rien dit, du moins, il avait une allure bien suspecte.

Tous ces Arnould sont cyniques. Très souvent, dans des discussions, on les appelle coquins, voleurs et gens capables de tout crime. Loin de se fâcher, ils accueillent en riant ces propos désobligeants.

Ils ne se respectent même pas entre eux. La dame Joseph Dupont a reçu les confidences de Thérèse Arnould, la femme de Joseph Duvaux. Ne lui a-t-elle pas raconté audacieusement qu'il y a quinze jours, elle a eu querelle avec son mari et que sa mère et elle ont bien failli l'étrangler. Duvaux lui-même a confirmé le surlendemain au témoin cette tentative d'assassinat. La femme Dupont lui a dit : « Vous l'avez échappé belle, soyez bien sur vos gardes » et Duvaux a répondu : « Je le suis. » C'est avec son mouchoir de col qu'on a voulu l'étrangler. Pour que cela n'arrive plus, il ne portait plus maintenant qu'un simple mouchoir qui ne faisait plus qu'un tour au cou.

Ces femmes, ces mégères, quelle n'est pas leur audace. Vouloir assassiner un homme, leur mari, leur gendre, en plein jour, au milieu du village et le raconter ensuite aux voisins. Comment douter qu'elles aussi aient assassiné les marchands de bœufs !

Le 17 mai 1792, François Arnould a frappé d'un coup de couteau dans le ventre le garde forestier François Floriot. Il fut arrêté seulement l'année suivante et condamné le 21 mars 1793, par le tribunal criminel des Vosges, à une année d'emprisonnement. Quand il sortit des prisons de Mirecourt, le 27 Germinal an II (1er avril 1794), il était tout à fait dans la misère. Il s'installa à Vittel chez sa mère avec sa femme. C'est à n'en pas douter à cette époque que commencèrent les assassinats.

A ce moment, François a dit qu'il lui faudrait tuer un juif pour rétablir ses affaires. Ce n'est pas un juif qu'il a tué, ce sont ces malheureux marchands de bœufs du Morvan dont on vient de retrouver les restes, ces infortunés voyageurs que les Cardinaux attiraient chez eux, leur faisant fête pour mieux les égorger et les dépouiller ensuite.

Juste à cette époque, au moment où François Arnould sortait de prison et venait s'installer chez sa mère au bout de la grande Voie, Blaise Pierrot, le voisin, pour exhausser sa maison, fit ouvrir une carrière en face de la maison Arnould. La carrière fut fermée après quinze jours d'exploitation.

Alors François Arnould sortit tout à coup de la misère, il fit un commerce de bestiaux assez considérable en société avec ses frères.

Alors aussi, une odeur « féticide et cadavéreuse » se fit sentir aux environs de la carrière. Elle était produite, à n'en pas douter, tous les témoins l'affirment, par l'exhalaison des cadavres de particuliers inconnus, les marchands qui venaient autrefois à Vittel et qui ne sont plus revenus. Cette odeur horrible, répandue dans l'été de l'an deux (nous sommes à l'an douze), s'est renouvelée pendant les chaleurs des trois années suivantes.

Cette odeur, les ouvriers qui travaillaient aux

réparations de la maison Blaise Pierrot l'ont déjà sentie, les criminels n'avaient point attendu pour commencer leur sanglante besogne. Depuis, l'odeur horrible a poursuivi tous les habitants du quartier. Sans doute bon nombre l'attribuaient à la riflerie (tannerie) qui est à cent mètres de là et dont les émanations portaient souvent fort loin pendant l'été et les temps orageux, mais maintenant il n'y a plus à en douter, le mystère est éclairci. L'atroce émanation venait de cadavres qui se décomposaient.

N'a-t-on pas vu aussi des épines déposées sur la vieille carrière ? Pourquoi, si ce n'est pour empêcher les chiens, les hommes peut-être de fouiller la terre et d'y mettre à jour les cadavres ? Sans doute les épines ont pourri sur place et n'ont pas été renouvelées, mais n'est-ce point que les Arnould s'étaient endurcis dans le crime et se croyaient sûrs de l'impunité.

Ils prenaient cependant bien leurs précautions. Il y a six ans, Étienne Phélisse a voulu extraire de la pierre dans l'ancienne carrière. Il en a été empêché par la mère Arnould qui lui a dit qu'elle avait besoin de ces pierres et lui défendait de faire des fouilles.

Le témoin a été d'autant plus étonné que la

carrière appartient à la commune et que les fouilles sont libres pour tous les habitants. Malgré cela, il n'a pas insisté et a extrait la pierre un peu plus loin. Évidemment la mère Arnould voulait l'empêcher de découvrir les cadavres. Ces cadavres, les Cardinaux faisaient tout d'ailleurs pour qu'ils disparaissent au plus vite. Un batardeau a été installé à l'angle inférieur de la maison Arnould et il conduit les eaux de pluie juste sur le trou qui contenait les cadavres. N'était-ce point pour en hâter la décomposition ? Aucune hésitation n'est permise.

Les Cardinaux n'ont-ils pas fait de leur maison un réduit mystérieux ? Les fenêtres sont toujours fermées et nul ne peut voir ce qui se passe à l'intérieur.

Tout autour, ils ont accumulé des tas de bois et de fagots d'épines comme pour éloigner les indiscrets.

Mais ces précautions même les perdent aujourd'hui. Le sang-froid que ces grands criminels ont conservé pendant de longues années de meurtres et de vols, ils n'ont pu le tenir jusqu'au bout. Depuis huit jours leur attitude, leurs propos les ont trahis. Si les frères ne sont pas à Vittel, la mère, la sœur, on l'a déjà remarqué, n'ont pas paru à l'enquête et, quand tout Vittel était à la carrière, personne ne les a vues. C'est le 24 ventôse seulement, au second transport de justice, quand elle ne pouvait faire autrement, que Thérèse Duvaux s'est montrée. Les huées de la foule n'ont point paru l'impressionner, mais elle tremble au-dedans, elle sait que ses crimes sont découverts.

Le jour même, peu après, la vieille Agnès a paru à son tour. L'ouvrier Alexis Rat lui a montré les ossements et lui a dit que c'était des débris humains. Narquoise, elle a répondu : « Vous êtes des bêtes, ce sont des têtes de moutons. » Alexis Rat, indigné, lui a répliqué : « Retire-toi, vieille coquine. Ce sont des ossements d'êtres que tu as étranglés, comme tu as voulu étrangler ton gendre. » Là-dessus, cette femme est retournée chez elle tout en colère.

François a fini par venir.

Il était ivre, suivant son habitude. Il a voulu faire croire, lui aussi, que c'était des os de moutons. On lui a fait observer que la sixième tête trouvée était plus petite que les autres et provenait d'un enfant de douze à quinze ans ; que, de plus, des cadavres avaient été trouvés enfouis à un pied et demi de profondeur et que les autres étaient à trois pieds. N'a-t-il pas eu l'audace de répondre : « C'est que nous avons mis les vieux dessous et les jeunes dessus. » Peut-on chercher aveu plus net.

Les restes des victimes, on les a découverts, les squelettes sont dans la carrière. Si on ne retrouve plus que des ossements brisés et des crânes dessoudés, c'est que les sinistres bouchers ont dépecé les cadavres et fait manger à des chiens les chairs bouillies.

Pas de doute non plus, ces malheureuses victimes de la sauvagerie des Arnould, ce sont des marchands de bestiaux en relations d'affaires avec les Arnould et pour la plupart marchands de bœufs du Morvan. On va les rechercher, trouver qui ils étaient.

Le premier témoin entendu a déjà signalé les trois frères Didiot du département de la Côte-d'Or ou de la Nièvre, ces habitués des foires de Vittel qui n'ont pas reparu depuis sept ans.

Les Didiot ne sont pas les seuls. On en a vu passer des marchands de bœufs. Combien sont allés chez les Arnould réclamer de l'argent, des bestiaux ? Combien ont bu et festoyé avec les Cardinaux. Jamais aucun n'est revenu ; ils dorment tous dans la carrière.

Les témoins vont les tirer de ce dernier sommeil, les faire revivre en un défilé tragique et sanglant.

Nicolas Humbert, l'ancien juge de paix, a reçu, il y a huit ans, la visite d'un étranger qui lui a demandé des renseignements sur les Arnould. Il les a donnés fort mauvais, puis l'inconnu s'est rendu chez ces tristes individus qui l'ont sans doute assassiné, car le juge de paix ne l'a plus revu. Il tient aussi de son fils que deux habitants du village de Fontenoy, près Bains dans les Vosges, ont disparu assez mystérieusement, il n'y a pas très longtemps. Seraient-ce encore des victimes des Arnould ? Tout le fait penser.

Tout Vittel n'a-t-il pas vu et vu bien souvent des étrangers que personne ne connaissait arriver au village et se rendre tout droit chez les Arnould. Que sont-ils devenus ?

La veuve Phélisse, l'aubergiste, Pierre Bron en signalent. Ils ne connaissaient pas ces gens qui ont passé chez eux, mais comme jamais ils ne les ont revus, les Arnould les ont sans doute fait périr.

A une auberge de Lignéville est arrivé, un soir, un individu tout ensanglanté. Un des Arnould lui avait coupé l'oreille d'un coup de bâton, parce qu'il réclamait de l'argent.

Audinot sait qu'il y a trois semaines seulement un certain Philippe, de Westhoffen, proche Strasbourg, est venu chez les Arnould et il craint bien que ce Philippe, lui aussi, ait été assassiné.

Les Didiot du Morvan, le Philippe d'Alsace, voilà des noms, des indications précieuses pour le juge Pommier qui facilement pourra établir la disparition, mystérieuse jusqu'ici, de ces pauvres marchands.

Des noms, des précisions, en voilà d'autres encore.

Depuis cinq ans, on n'a plus revu à Vittel Compagnon, un marchand bien connu qui habite Brion, près de Chatillon, en Bourgogne. Pas revu non plus, et depuis longtemps, Pierre, l'habitué des foires vosgiennes qui habitait Monthureux-les-Gray, dans une maison au pied de la côte.

Pour ne pas être revenus à Vittel, il faut que tous ces gens-là soient morts de la main des Arnould. Personne n'en doute.

Les renseignements s'accumulent, ils concordent tous.

On pouvait pénétrer parfois dans les maisons des Arnould, malgré les épines, malgré les fagots. Des témoins y ont fait des constatations bien troublantes.

Un certain Jacques Colin, qui dit être sans état et avoir trente-deux ans, expose, qu'il y a environ huit ans, il servait de conducteur de bœufs à François Arnould. Au mois de thermidor, il vit arriver, à la nuit tombante, un homme monté sur un cheval blanc avec des taches grises et qui paraissait avoir été courte-queue. Cet homme semblait avoir quarante à quarante-cinq ans, être de taille d'environ cinq pieds deux pouces et était fluet. A son accent, le témoin a présumé qu'il était du Morvan, département de la Côte-d'Or ou de la Nièvre.

Le témoin Jacques Colin mangeait habituellement chez ledit Arnould, où il était nourri au pain et à l'eau et recevait très rarement de la viande. Ce jour-là, Arnould lui dit d'aller souper à l'auberge, qu'il paierait sa dépense. Il en a profité pour faire un bon repas. Le lendemain, entre sept et huit heures du matin, il vit François Arnould partir pour la foire de Vrécourt, monté sur le cheval blanc, courte queue. François lui raconta qu'il avait acheté ce cheval à l'étranger et qu'il allait rejoindre celui-ci à la foire de Vrécourt. Puis le même Arnould lui dit d'aller boire de l'eau-de-vie dans une auberge à son compte. Cette générosité l'étonna, elle avait sans doute pour but de l'empêcher d'entrer dans la maison où, selon toute probabilité, l'homme au cheval avait été assassiné durant la nuit.

Ensuite le témoin, qui paraît avoir conservé un fort mauvais souvenir du régime pain et eau, auquel il était réduit, donne sur le compte de son ancien patron les plus mauvais renseignements.

Il y a huit ans, en thermidor, un étranger arrive chez François Arnould. Ne sont-ce point les traces de son assassinat qu'a vues François Dupont ? Il est entré une fois chez les Arnould. Peut-être bien était-ce voilà huit ans, peut-être à une autre date, il y a déjà longtemps en tout cas, pour sûr que c'était pendant l'été. Rien d'extraordinaire que ce fut le jour du cheval blanc. Donc, s'étant transporté chez ledit Arnould dans la matinée, il remarqua au milieu de la cuisine des taches de sang que l'on avait balayées et lavées, mais pas assez pour empêcher de les distinguer.

L'apparition subite du témoin déconcerta le dit François Arnould et sa femme et eut l'air de les inquiéter. Il ne leur fit aucune question, mais il observa qu'ils prirent un prétexte pour l'éconduire.

L'espace ensanglanté avait à peu près un tiers de mètre de diamètre. Peut-être François avait-il tué quelque animal, lapin ou poule, mais il est plus probable qu'il avait assassiné un malheureux voyageur.

La maison Arnould est située vis-à-vis la carrière aux ossements, le témoin n'a jamais vu que la terre était fraîchement remuée en cet endroit. Mais François est un très mauvais sujet, il a fraudé le témoin du prix de deux voitures de paille avec menaces de mauvais traitements si lui, François Dupont, persistait dans sa réclamation.

Ce n'est pas tout, on a trouvé des ossements dans leurs maisons.

Charles Richard a acheté, il y a environ quatre ans, une maison qui venait d'être habitée par François Arnould. Ayant creusé dans cette maison pour y pratiquer une cave, il a trouvé à trois pieds de profondeur des ossements, qu'il a cru être d'hommes, sans pouvoir l'affirmer Ces ossements étaient cariés.

Il ne sait rien d'autre, sinon que les Arnould

sont des fripons et des voleurs, enfin des gens dangereux.

Plus tard, en fouillant dans le jardin de cette maison Richard qu'a habitée François Arnould, on retrouvera d'autres ossements.

Le docteur Rambaud sera à nouveau commis pour examiner ces ossements. Chose curieuse, ce sont des os de femmes, et des femmes en a-t'on jamais vu chez les Arnould. Sans doute sont-elles venues plus mystérieusement. Le docteur Rambaud ajoute que ces quelques ossements sont tous brisés et qu'il ne peut dire à quelle époque ils ont été enfouis. Il ne sera plus question des ossements de la maison Richard.

L'enquête continue, elle va se prolonger du 28 ventôse au 7 germinal (19 mars-28 mars 1804). Les dernières recherches ne donneront plus guère d'indication, mais, dans ses premières opérations, le juge Pommier a déjà recueilli un gros faisceau de renseignements. Depuis longtemps sa conviction est faite.

Est-il besoin de dire la surexcitation de l'opinion publique. Vittel, petit village perdu dans un coin des Vosges, qui ne prévoyait guère qu'un jour il deviendrait station d'eaux mondaine et élégante, Vittel qui vit alors de sa culture et du travail de ses dentellières. Population honnête, mais à l'horizon un peu étroit. Eût-elle jamais pu supposer que de pareils crimes, dépassant les plus grands forfaits, seraient commis dans une de ses maisons.

A de tels récits, à de si horribles révélations, elle a tremblé les premiers jours. Elle est aujourd'hui à demi rassurée.

III

L'ARRESTATION DES CARDINAUX

Si la population est à demi rassurée, c'est que, depuis le début de l'enquête, les Cardinaux sont arrêtés. Avant même de commencer son information, sur le vu du procès-verbal Thouvenel, et devant les renseignements verbaux qui lui étaient fournis, Pommier a délivré mandat d'arrestation.

Le 29 ventôse (20 mars), les citoyens Guillemin et Sarlotte, gendarmes, l'un de la brigade de Lignéville, l'autre venu de Mirecourt en renfort pour cette importante affaire, lui amenaient trois des prévenus. Ce sont François Arnould, âgé de quarante et un ans, marchand de bétail à Vittel, sa mère veuve Arnould, née Agnès Chassard, âgée de soixante-huit ans, dentellière.

Le premier germinal (22 mars), la gendarmerie arrête Sébastien Arnould, trente-quatre ans, marchand de bétail, demeurant à Senonges, depuis quatorze ans. Le même jour, Joseph Arnould, âgé de trente-huit ans, manœuvre, demeurant depuis deux ans à Vittel et avant à Lignéville, se présente volontairement. Il déclare, « qu'ayant eu connaissance des recherches dont il est l'objet, il comparaît pour être interrogé sur les inculpations dont il est prévenu ».

Ces cinq individus, trois hommes et deux femmes, sont aussitôt placés sous mandat de dépôt et transférés à Mirecourt.

Avant de les écrouer, Delpierre, magistrat de sûreté, a procédé à l'interrogatoire des inculpés. Interrogatoire très court, plus que sommaire, qui ne porte guère que sur l'identité, mais qui fait connaître en même temps l'objet de la prévention. François Arnould, après avoir décliné ses nom, âge et profession, est interrogé s'il est l'auteur ou complice des assassinats commis sur les individus dont les ossements ont été découverts les 19, 21, 22, 23 et 24 de ce mois dans la carrière ouverte au devant de la maison Blaise Pierrot, marchand verrier en la commune. L'inculpé a répondu simplement que non.

Le magistrat de sûreté Delpierre clôt son rapide interrogatoire par cette formule qui est celle d'usage : « Attendu que François Arnould n'a pas détruit par ses réponses les inculpations dont il est prévenu, nous avons à l'instant décerné mandat de dépôt contre lui. »

Mêmes interrogatoires, mêmes mandats pour les quatre autres inculpés.

29 ventôse an XII. On ne soupçonnait guère à Vittel qu'un grand crime politique, sous le couvert d'une comédie judiciaire, se commettait au même moment.

Ce même jour, 29 ventôse de l'an XII, à trois heures de l'après-midi, une berline, qu'escortaient des gendarmes, arrivait à Paris devant le ministère des relations extérieures. Il s'agissait, murmurait-on, d'un dangereux conspirateur. Son nom était Plessis, avait-il été dit aux gendarmes d'escorte. En réalité, ce voyageur mystérieux, c'était le duc d'Enghien.

Descendant du grand Condé, il avait suivi son grand-père en exil, au lendemain du 14 juillet. Sous son grand-père, il avait servi dans l'armée des princes, puis, venue la fin des guerres, il s'était retiré au château d'Ettenheim, non loin du Rhin, dans le Grand Duché de Bade. Il vivait là, retiré, avec sa cousine Charlotte de Rohan à laquelle l'unissait un mariage secret.

Bonaparte a vu en lui un conspirateur. La police du Premier Consul a dressé contre le duc des rapports tendancieux. Depuis quelques années, les complots monarchistes se sont multipliés. L'attentat de la rue Sainte-Nicaise, celui de l'Opéra, les machines infernales, en voilà assez. Le complot de Georges Cadoudal, la conspiration de Moreau, de Pichegru, il faut en finir. Bonaparte veut faire un grand exemple, frapper de terreur ses ennemis ; il assurera sa sécurité, dût-il, pour cela, sacrifier un innocent.

Dans la nuit du 14 au 15 mars, les dragons du général Ordener et les gendarmes du colonel Charlot passent le Rhin. A cinq heures du matin, ils enlèvent le duc, surpris dans son lit. Quelques heures après, le malheureux est enfermé à la citadelle de Strasbourg. Les événements vont se précipiter. Sa mort est déjà décidée.

Harel, le commandant du château de Vincennes, a reçu l'ordre d'écrouer un individu dont le nom ne doit pas être révélé. Le duc d'Enghien arrive au château de Vincennes le 29 ventôse à cinq heures et demie de l'après-midi. Comprenant les choses et pour ne point perdre de temps, depuis deux jours déjà, Harel a fait creuser une tombe dans les fossés du château, au pied du pavillon de la Reine. A neuf heures du soir, une commission militaire dont Murat, gouverneur de Paris, a désigné les membres, se réunit dans une chambre du donjon. Le général Hulin la préside. Il ignore tout de l'affaire. Il n'y a dans le dossier qu'une pièce : l'arrêté du gouvernement affirmant que le duc d'Enghien a pris part à des complots.

Les juges sont en service commandé. Savary est là pour parer à tout signe de faiblesse. Un simulacre d'interrogatoire, protestation du prince qu'il n'a jamais voulu attenter à la vie du premier Consul et c'est fini. C'est la mort. Quelques instants après, le duc d'Enghien tombait sous les balles d'un peloton de gendarmes, devant la fosse creusée d'avance. Il faisait nuit encore. Une lanterne, dit la légende, avait été attachée à la poitrine du prince pour permettre au peloton de viser au cœur.

Le même jour, à peu près à la même heure, les assassins de Vittel étaient arrêtés.

Les journaux d'alors ne donnèrent sur la mort du duc d'Enghien que de très sobres détails. Un communiqué officiel relata sèchement qu'un ex-prince de Bourbon, dont il ne donna même pas le nom, avait été arrêté et mis à mort quelques jours après.

Les journaux de ce temps ne contenaient guère que des communications officielles dont la sincérité n'était pas la qualité dominante. En dehors des annonces, il y a peu de place pour les événements locaux. La chronique criminelle, qui, de nos jours, a pris dans la presse un développement peut-être excessif, n'existait pas encore. J'ai vainement fouillé les journaux de Lorraine de 1804. Aucune allusion aux Cardinaux n'y est faite et cependant leurs crimes passionnaient le pays.

L'histoire se colportait de bouche en bouche ; elle gagnait de proche en proche les Vosges, la Lorraine, les provinces voisines, et, à cheminer ainsi, les crimes s'ajoutaient aux crimes, les hypothèses se précisaient, les circonstances de ces horribles forfaits prenaient corps, et ainsi la culpabilité des Arnould s'affirmait.

Du 28 ventôse au 5 germinal, Pommier poursuit son enquête à toute allure. Il passe ces huit jours au greffe de la justice de paix et il interroge quatre-vingt-deux témoins.

Le 6 germinal, il s'en va. A onze heures du

matin, il s'arrête à Remoncourt et interroge son quatre-vingt-troisième témoin, une femme Gérardin, née Anne Trompette, qui tient là un café.

Dans son auberge, François Arnould est souvent venu avec ses créanciers. Elle a remarqué dans le dit Arnould beaucoup de mauvaise foi et de brutalité. Plusieurs fois, on l'appelait voleur, coquin et capable de tout crime. Il recevait ces propos en riant et sans répliquer.

Rien de nouveau en somme, la réputation des Arnould est la même à Remoncourt qu'à Vittel.

Dès le 7 germinal, à la première heure, Pommier commença ses interrogatoires. A huit heures du matin, il a fait amener devant lui Agnès Chassard, veuve en premières noces de François Arnould.

Cet interrogatoire et ceux qui vont suivre sont froids et comme figés. Ils ne comportent guère que des questions rédigées sous une forme impersonnelle, et les réponses tiennent en quelques mots. Ils ne reflètent qu'une impression très affaiblie des discussions passionnées et vives qui se sont déroulées sans doute dans le petit tribunal. Du moins donnent-ils une idée du système de défense très simple des prévenus. Ils nient tout et se disent innocents.

L'interrogatoire de la vieille Agnès débute ainsi : « Interrogée si elle connaît les causes de la mort des six hommes dont les ossements ont été trouvés dans une carrière, située dans un usoire communal, sur le village de Vittel, quasi vis-à-vis la maison qu'elle occupe, à environ dix-sept pas de ladite maison. »

A la suite, le juge note sans autre explication : « a répondu que non ».

Il continue : « Interrogée si elle n'est pas elle-même l'auteur ou complice des assassinats commis sur les personnes dont les ossements ont été trouvés dans cette carrière. »

A cette question encore, Agnès Chassard a répondu simplement que non. C'est tout, Aucune protestation.

Si un cri d'innocence a été poussé, le juge ne l'a pas rapporté.

Interrogée si elle a connu les frères Didiot, marchands de bêtes à cornes, si elle sait ce qu'ils sont devenus et d'où ils sont, a répondu : « qu'elle ne les connaît pas et n'en a jamais ouï parler ».

Malgré la complexité des faits, la gravité de

l'accusation, les charges qui pèsent sur les prévenus, en dépit aussi des nombreuses incertitudes, des doutes mystérieux et troublants, cet interrogatoire est très court. Il compte tout juste deux pages et demie de papier et pour la moitié, il porte sur des détails et des racontars sans grand intérêt.

A-t-elle fait des arrêts d'eau qui conduisaient les eaux pluviales précisément sur le lieu où l'on a trouvé les ossements ? Réponse : « Ce n'est pas elle qui a établi ce batardeau, c'est le voisin, pour faire pourrir son fumier. » Ce voisin ne sera jamais interrogé.

Agnès Chassard nie avoir déposé des épines, des fagots et bois de toute espèce sur le lieu où étaient les mêmes ossements, soit dans la crainte qu'on remarquât que les terres y avaient été remuées, soit pour empêcher qu'on y creusât.

Elle n'a pas davantage placé d'épines et de bois autour de sa maison ; elle ne tient pas ses portes, vitres et volets fermés, sauf quand elle s'absente l'été pour voyager et chercher de l'ouvrage. Quand elle est là, les volets de son « poêle » sont toujours ouverts.

L'odeur cadavéreuse, son origine est très simple et n'a rien de suspect. Elle se produisait surtout pendant les chaleurs de l'été. Elle provenait de chez le rifleur (tanneur) qui demeure dans les environs et tient chez lui les peaux des bêtes qu'il a dépouillées.

Pourquoi, demande le juge, a-t-elle fait son possible pour persuader que les os trouvés dans la carrière étaient des os de mouton, et non des os de corps humains ?

Non, elle n'a pas cherché à persuader personne; elle a seulement demandé si on pouvait affirmer que ces ossements étaient des os de chrétiens.

Elle n'a pas non plus constamment empêché de rouvrir la carrière, une fois seulement, elle a conseillé d'en ouvrir une plus bas. Elle ne sait pas trop pourquoi, d'ailleurs, elle a donné ce conseil. C'est pour rien, dit-elle.

Suivent pas mal de questions parfaitement oiseuses, et sans rapport avec l'affaire, et enfin dernière demande :

Interrogée s'il y a environ vingt jours, elle et Thérèse, sa fille, n'ont pas fait tous leurs efforts pour étrangler Joseph Duvaux, son gendre et mari de la dite fille, et si, pour y parvenir, elles n'avaient pas essayé de lui tordre le cou ?

Agnès Chassard a répondu qu'elle n'a pas du tout essayé d'étrangler son gendre, qu'au contraire, ce jour-là elle a été excédée de coups par lui.

L'interrogatoire dure depuis huit heures du matin, il se termine un peu avant dix heures.

A ce moment, Pommier fait comparaître Thérèse Arnould, femme de Joseph Duvaux. L'interrogatoire est encore plus court, il ne tient pas deux pages. Mêmes questions, réponses identiques. Thérèse Arnould, elle l'affirme, n'a assassiné personne, elle ne connaît pas les frères Didiot. Elle n'a jamais mis d'épines nulle part et les fenêtres de la maison sont toujours ouvertes quand elle est là.

Enfin, elle reconnaît avoir eu querelle avec son mari, il y a vingt jours. Tous deux se sont quelque peu bousculés, mais sa mère ne s'est mêlée de rien, sinon qu'elle est allée appeler au secours devant la porte. Elle a raconté à ses voisines cette histoire de ménage, elle n'avait donc rien de tragique ou de mystérieux.

Le juge a commencé par l'interrogatoire des femmes qu'il croit plus maniables, plus impressionnables.

Elles sont depuis neuf jours en prison ; elles ont dû réfléchir. Sans doute, devant des preuves accablantes, en face de l'opinion publique qui accuse, vont-elles se laisser aller à des aveux. Espoir trompeur.

Les deux femmes ont tout nié et nié obstinément.

Dans les affaires criminelles, la femme est à peu près immanquablement tout d'une pièce. Ou bien elle avoue tout, et souvent elle en dit plus qu'on ne lui en demande. Alors, elle baisse la tête et pleure. Ou bien, elle se bute et, avec une énergie farouche, elle nie tout, même l'évidence. Chez elle, il n'y a guère de milieu.

En l'affaire, les deux femmes Arnould se sont expliquées, non sans une certaine logique. Elles n'ont assassiné personne et elles ne savent d'où viennent ces ossements. Les épines sur la carrière pour empêcher d'y fouiller ; les tas de bois autour de la maison pour en interdire l'accès, ces moyens un peu enfantins, elles ne les ont pas employés. Le batardeau a été fait par le voisin, il va sur un fumier et non sur la carrière. Les propos qu'on leur reproche sont des paroles en l'air. L'odeur qui a empesté le pays ne vient pas de cadavres en décomposition, mais tout simplement de la tannerie.

Enfin et surtout, la tentative d'assassinat sur Joseph Duvaux n'est qu'une banale querelle de ménage. Elle s'est passée en plein jour, devant les voisins, et la mère Arnould, la première, est allée crier au secours dans la rue.

L'après-midi, à deux heures de relevée, Pommier interroge Joseph Arnould. C'est un personnage de second plan, il n'apparaît dans l'affaire que par instants et il semble ne pas avoir l'allure de Sébastien et de François.

Lui aussi nia tout, il est inutile de répéter encore les mêmes questions et les mêmes réponses. Ces interrogatoires sont calqués les uns sur les autres.

Par une gradation savante, le juge a réservé pour la fin les deux autres frères. Le lendemain, 8 germinal, dès huit heures de la matinée, il interroge Sébastien. Pommier prévoyait les réponses. Ce second des Arnould n'a non plus assassiné personne et il ne sait pourquoi des ossements se trouvent dans la carrière.

Mais lui, il sait qui sont les frères Didiot, il les a connus jadis sur les foires.

Ils ne sont pas trois, mais quatre. L'un, le juge le sait, s'est marié à Bulgnéville et a habité Neufchâteau. Il s'agit donc bien des mêmes gens. Un autre résidait à Saulieu, près du Morvan, qu'il croit être du département de la Côte-d'Or, le troisième avait son domicile à Thoisy-la-Berchére, à quinze milles du dit Saulieu. Quant au quatrième, il habitait un village dont il a oublié le nom, mais qui n'est éloigné de Thoisy que d'environ quinze milles. Sébastien ne les a pas vus depuis sept ans, car ils ont cessé de commercer dans le pays et il ne peut dire s'ils existent encore.

Le Morvan, mais c'est de là que venaient les marchands de bœufs, dont à Vittel on a constaté la disparition. Saulieu, c'est le village où le témoin Étienne Moitessier a entendu raconter, il y a six ou sept ans, que trois marchands, qui commerçaient dans les Vosges, avaient disparu. Les Didiot, ce nom a été donné à la première heure de l'enquête. Ce sont, à n'en guère douter, les trois marchands disparus. La justice est sur la bonne piste.

A deux heures de l'après-midi, Pommier fait venir François devant lui. François, le juge en a l'impression, c'est le chef de la bande, le redoutable metteur en scène des massacres, l'homme rouge, sans scrupule, ni pitié.

Les réponses sont les mêmes que celles de Sébastien. Lui aussi il connaît les Didiot, mais il ne les a pas fait périr. Il n'a d'ailleurs assassiné personne et il n'a point enterré de cadavres dans la carrière. Mêmes réponses sur les arrêts d'eau, sur les épines de la carrière et autour de la maison, sur les volets fermés, sur l'odeur cadavéreuse. Tout cela est faux, inventé pour les perdre.

Des minuties, des faits insignifiants prennent les trois quarts des interrogatoires. Par instants seulement, le juge se rappelle que les Arnould ne sont pas poursuivis pour de menus méfaits, mais que pèse sur eux une accusation capitale, pis encore, le soupçon d'assassinats si horribles que rarement la justice en connût de pareils. Parfois, entre deux broutilles, une question plus précise. Elle s'arrête d'ailleurs en chemin et n'est jamais poussée très loin. Chez Pommier, est-ce de l'habileté ou défaut d'ordre et de logique ? N'a-t-il pas peut-être aussi le sentiment, qu'au fond, tout cela est assez vague, bien peu précis, qu'il n'est pas très armé et qu'en somme, avant que d'aboutir, son instruction a encore beaucoup de chemin à parcourir.

Les interrogatoires n'ont pas apporté grande lumière. On a parlé de beaucoup de choses, mais fort peu des assassinats. Le juge n'a pas su, dans des questions brûlantes, par un échafaudage savant de preuves ou de témoignages, acculer les prévenus au mensonge ou à l'aveu.

Les cinq Arnould ont tout nié, ils n'ont fourni aucune arme à la justice et même, sur bien des points, leurs réponses semblent avoir tout au moins l'apparence de la vérité. Les vérifications seront faciles.

Le soir du 8 germinal, Pommier rentra chez lui, sans doute un peu fatigué. Il n'est rien d'épuisant comme ces informations tragiques, ces luttes pour trouver la vérité qui fuit, ces corps à corps avec le coupable qui défend ou sa liberté ou sa tête, et depuis des jours Pommier n'avait pas pris un instant de repos.

Ce soir-là, était-il satisfait ? Probablement. Était-il un peu perplexe ? Peut-être bien. En tout cas, il prit le temps de la réflexion et se reposa plus d'un mois.

Pommier était, il n'y a point de raison d'en douter, un magistrat consciencieux. Son âge, il avait cinquante-deux ans, le mettait à l'abri des entraînements irréfléchis. Sa carrière, les fonctions qu'il avait occupées à travers les événements de la Révolution lui avaient donné l'expérience des hommes et des choses. Il tenait en ses mains le sort, la vie de cinq personnes et il comprenait combien sa responsabilité était lourde.

S'il en est bien ainsi, il connut alors les nuits

sans sommeil, les méditations sans fin et l'inquiétude des scrupules. Son esprit se tendit à la recherche de la vérité.

Pourquoi ? Comment ?

Il se posa ces angoissantes questions. Il chercha à faire revivre ces épouvantables tueries, la nuit, en plein mystère, dans cette petite maison devenue un sanglant abattoir.

Qui a inspiré ces assassinats ? François sans doute, Sébastien peut-être.

Les femmes, quel a été leur rôle ? Complices inconscientes, terrorisées elles-mêmes par leurs fils ou leurs frères, ou bien mégères sinistres, plus cruelles encore que les hommes.

Si Pommier se posa ces questions, il n'apparaît guère qu'il chercha beaucoup à leur trouver une solution. Mais il en est une qui, en tout cas, ne lui vint pas à l'esprit. Quels étaient ces hommes dont les restes reposent dans la carrière, quel était cet enfant dont on a retrouvé le crâne. Quelles étaient ces femmes de la maison Richard ?

On lui a donné des noms, les Didiot, Philippe, Compagnon, Pierre, les disparus de Fontenoy et de Saulieu.

A quelle époque ont-ils disparu. Depuis quand,

dans leur village, leurs familles se demandent-elles, anxieuses, quel a été leur sort ?

Pommier s'interrogea peut-être, mais il ne pensa pas que ces recherches étaient bien nécessaires.

Ce qu'il sait n'est-il point suffisant ? Il y a des ossements dans une carrière proche de la maison des Cardinaux. Des inconnus ont été assassinés, puisqu'ils ont cessé de venir dans le pays. Les assassins ne peuvent être que les Arnould, puisqu'à Vittel tout le monde le dit.

Personne d'autre ne peut être soupçonné.

Nul n'a vu commettre les assassinats, mais chacun a observé les marchands de bœufs qui passaient.

De minutieuses perquisitions n'ont rien fait découvrir. Dans la maison des Arnould, pas de trace de sang, pas de cadavre, pas d'objet pouvant provenir d'un vol, pas d'argent, pas de cachette. Rien de suspect. C'est que ces gens-là ont su prendre leurs précautions. Les épines, le batardeau, les volets fermés ne signifient peut-être pas grand'chose, mais il y a l'attitude des Arnould, leurs propos, leurs bravades, et par-dessus tout, il y a leur réputation. Ce sont des voleurs, des coquins et des gens de rien. Il faudra bien qu'ils se reconnaissent coupables. L'instruction n'est pas close, elle trouvera certes autre chose.

Le 12 floréal seulement (3 mai), le juge reprit son instruction. Il a convoqué les témoins dans son cabinet de Mirecourt. Depuis la découverte des ossements, près de deux mois déjà se sont écoulés, et, à Vittel, l'émotion ne s'est point calmée. Dans les veillées, aux « couarails », on a parlé sans se lasser jamais.

Pas d'autre sujet que les assassinats, la carrière et les méfaits des Arnould. Des souvenirs se sont réveillés, des confidences ont été échangées. Maintenant, on se rappelle beaucoup de choses oubliées et qui, sur le moment, n'avaient frappé personne. Aujourd'hui certes, maintenant qu'on connaît mieux l'âme noire des Arnould, on en comprend bien l'importance. De nouveaux témoins se révèlent.

Beaucoup ne savent que des faits bien minces. François Larcher de Senonges a reçu des coups de bâton et de sabot de François Arnould et de sa femme. Il y a trois ans, un beau soir, Nicolas Vincent a été accosté par un des frères Arnould, il ne sait plus lequel, qui lui a offert une bouteille de vin blanc. Il a jugé plus prudent de refuser cette offre généreuse, car, après tout, cet Arnould ne voulait-il pas l'assassiner, pour le dévaliser ensuite.

Mathieu Poirot, cordonnier à Domjulien, a fait quelques mauvaises rencontres. Il n'a pas reconnu les particuliers qui l'avaient molesté, mais c'étaient peut-être bien les Arnould.

Des témoins qui ont vu des choses plus graves, en voici enfin. Ceux-ci savent ce qui se passait dans la maison Arnould, ils ont preque failli devenir des victimes, tout comme les marchands de bœufs du Morvan.

Le premier, c'est Joseph Joux, âgé de quarante et un ans, marchand à Godoncourt.

Le 25 floréal an II, il se trouvait à la foire de Vittel, avec Nicolas Voirin de Lignéville. A la nuit tombante, tous deux se rendirent chez François Arnould traiter d'affaires avec Sébastien qui se trouvait chez son frère à l'occasion de la foire. On avait déjà beaucoup bu dans la journée, on continua chez les Arnould. Vers dix heures du soir, comme ils étaient prêts à se retirer, François leur fit observer aimablement qu'il était bien tard pour rentrer chez eux et il leur offrit un lit que Nicolas Voirin et lui acceptèrent.

Tous deux couchèrent ensemble dans le poêle.

C'est alors que se passa une scène étrange, dont ils ne comprirent pas sur l'heure toute la gravité. Maintenant, ils comprennent.

Ils ne s'étaient pas encore mis au lit, quand la femme de François Arnould vint en cachette leur recommander secrètement de ne pas s'endormir si tôt ; puis elle sortit sans rien dire de plus. Cet avis mytérieux les intrigua d'autant plus qu'ils avaient beaucoup d'argent sur eux, ce que n'ignoraient pas Arnould et sa femme. Son camarade Voirin se coucha et s'endormit aussitôt. Mais, lui, Joux, avait été très frappé par cette recommandation étrange. Dans son sommeil agité, il eut un rêve très pénible pendant lequel il se figurait que des voleurs enlevaient la ceinture qui contenait son argent et qu'il avait placée entre ses cuisses. Il s'était débattu si violemment qu'il fut surpris à son réveil de ne pas avoir brisé son lit. Au matin, tous deux s'en allèrent sans qu'il leur fût rien arrivé de fâcheux.

Nicolas Voirin confirme le récit de son compagnon. Il raconte à nouveau la beuverie chez les Arnould, la recommandation de la femme de ne pas s'endormir, son rêve affreux et les voleurs qui voulaient le dépouiller dans son sommeil. Il observe aussi, dit le juge, qu'il ne leur est rien arrivé, que François Arnould et sa femme couchaient dans la même chambre et qu'ils savaient qu'il avait au moins six mille francs dans sa ceinture.

Par la suite, on interpellera la femme Arnould sur la confidence qu'elle a faite ce soir-là. Elle répondra que son mari était ivre, tout comme Joux et tout comme Voirin, qu'elle craignait les querelles après boire et qu'elle avait voulu calmer tous ces ivrognes.

Cette explication ne trouva guère de créance ; l'opinion publique préféra penser que la femme Arnould avait eu un instant de remords et qu'elle avait voulu empêcher un assassinat de plus. Les juges, plus tard, pensèrent de même et le jury tiendra compte à la femme François de ce bon mouvement.

Ce furent les derniers actes d'instruction de Pommier. Ses pouvoirs touchaient à leur fin. Chaque magistrat du tribunal, ainsi que le voulait la loi, prenait alors les fonctions de juge d'instruction pendant six mois, puis, ce temps écoulé, il les transmettait à son collègue. Il en fut ainsi dans l'affaire des Cardinaux.

En prairial, le juge Claude François Perrin fut commis à l'instruction. Perrin était un personnage plus terne que Pommier. Il n'a laissé dans l'histoire locale aucun souvenir et je n'ai pu retrouver rien de sa vie, mais c'était un magistrat à poigne à qui les prévenus n'en faisaient pas croire.

Pommier n'a pas abouti à des résultats décisifs. Les preuves restent encore un peu vagues. Il manque l'argument qui emporte tout, qui rend inutile toute discussion. On ne sait guère qu'une chose, c'est qu'il y avait des ossements brisés dans la carrière et aussi que les Cardinaux sont de bien vilaines gens. Ont-ils pour cela assassiné les marchands de bœufs qui venaient chez eux et qu'on n'a plus revus ? Il peut y avoir quelque hésitation.

Avec Perrin, cela va changer. La culpabilité des Arnould ne pouvait guère faire de doute ; elle va maintenant devenir éclatante.

Perrin consacra tout le mois de prairial (mai-juin) à étudier son dossier. Le onze seulement, il interrogea un témoin, qui, par extraordinaire, n'avait rien à reprocher aux Arnould.

Perrin dressait son plan. Longuement mûri, celui-ci aboutirait plus sûrement.

IV

ENFIN LES TÉMOINS PARLENT

Enfin, Perrin a trouvé des témoins. Le 7 messidor (28 juin), il les convoque. Les dépositions qu'il reçut ce jour-là furent sensationnelles ; elles dominent l'affaire. Jusqu'ici l'instruction se perdait quelque peu dans le vague. Le 7 messidor, elle va faire un grand pas. Des témoins accusent et affirment avec une impressionnante précision.

A 9 heures, entre dans le cabinet du juge un singulier personnage. Il se dit Michel Huraux, garçon meunier, chez Jean Thomas, meunier à Parey-Saint-Ouen, âgé de dix-neuf ans.

La tradition de Vittel a conservé le souvenir de ce Michel Huraux. Des écrivains locaux ont retracé son portrait et l'un d'eux a dit de lui :

« Huraux était plus connu sous le nom de Diodiche, c'était un chétif bancal et pied bot, rebuté par tous. Ce pauvre idiot, continue l'auteur, traverse la scène et il se trouve, ironie des choses, qu'il est la lumière de la justice. »

En réalité, cet Huraux était un pauvre enfant infirme, abandonné par sa famille, vivant à Vittel comme il pouvait, cherchant tantôt chez l'un et tantôt chez l'autre un morceau de pain et un gîte dans l'écurie ou sur le grenier. Plus loin, dans la procédure, le juge lui donnera comme profession celle de mendiant. Introduit dans le cabinet du juge, Huraux lui fit ce récit qu'il me faut transcrire textuellement.

« Il y a environ sept ou huit ans (le témoin, aujourd'hui âgé de dix-neuf ans, en avait donc alors onze ou douze), sans pouvoir positivement préciser l'époque fixe, mais c'était dans la saison de l'hiver, un peu avant les fêtes de Noël, il couchait depuis plusieurs jours au domicile de François Arnould, l'un des prévenus, dans la maison occupée aujourd'hui par Charles Richard de Vittel. La dernière nuit qu'il a passée dans cette maison, il était entré sur les six heures du soir dans la cuisine pour se chauffer. La femme de François Arnould lui dit d'aller se coucher, ce à quoi il déféra et il se rendit dans l'écurie, séparée de la cuisine par la grange.

Vers minuit, il fut réveillé par une voix qui criait : « A moi, ô mon Dieu, laissez-moi, je vous donnerai tout mon argent. » Effrayé par ces cris et sur la persuasion où il était qu'il se commettait un assassinat dans la cuisine de François Arnould d'où partaient ces cris, il était alors sorti de l'écurie par la fenêtre, située sur la même rue, pour savoir ce qui avait pu donner lieu aux cris qu'il venait d'entendre. Il avait alors distingué et très bien aperçu dans la cuisine cinq ou six personnes au nombre desquelles il avait reconnu François Arnould et sa femme et d'autres hommes ou femmes qu'il ne se rappelle pas avoir connus. Ces cinq ou six personnes environnaient un cadavre masculin, couché par terre entre le foyer et les dites personnes qui l'environnaient. Il ne put entendre ce que ces personnes disaient, parce qu'elles parlaient très bas.

Enfin, l'apparition effrayante de ce cadavre l'avait déterminé à prendre aussitôt la fuite et il avait passé le reste de la nuit devant la porte. A l'aube du jour, et comme il était glacé de froid, il était entré dans la cuisine de François Arnould pour se chauffer et il avait remarqué qu'il y avait eu beaucoup de sang répandu sur le pavé de cette cuisine et sur partie duquel on avait jeté des cendres. Des traces de sang se prolongeaient jusqu'à la porte qui communique de la cuisine à la grange. »

Huraux termine sa déposition, en disant qu'il ne sait rien de plus.

Le témoin se trompait. Il avait encore quelque chose à dire et ce qu'il avait oublié était, ma foi, d'importance.

Un mois après, le 14 thermidor, Michel Huraux réapparaît. Il vient rectifier sa déposition sur quelques points, la compléter sur d'autres.

Il n'est plus guère sûr des dates. Il croit bien aujourd'hui que l'événement dont il a rendu compte ne date pas de sept ou huit ans, comme il l'a dit, mais seulement de six années à partir du six nivôse dernier. Ses souvenirs se sont aussi précisés ; dans le nombre des individus qui environnaient le cadavre dont il a parlé, il a reconnu le fils de François Arnould.

Enfin et surtout, il a oublié une chose extrêmement importante et cette chose, la voici :

« Trois semaines après ce premier événement, sur les dix heures du soir, il rôdait dans les rues et tâchait de trouver un asile pour coucher. Tout d'un coup, il a vu François Arnould sortir de sa maison. Il était accompagné d'une femme qu'il n'a pas connue. L'homme et la femme portaient un cadavre, l'un le tenait par la tête, l'autre par les pieds. Ils ont déposé ce cadavre à terre dans la rue, à l'angle septentrional de la maison. Le témoin s'est éloigné et il a observé de loin. Malgré la nuit, il a remarqué que l'on travaillait autour du cadavre, ce qui lui a fait croire qu'on l'enterrait à cet endroit, ou bien qu'on le couvrait de quelque chose. Voyant que les individus ne quittaient pas cette place, ne désirant pas en savoir davantage, Michel Huraux s'était alors éloigné, si bien qu'il ne sait ce qu'est devenu ce cadavre.

Le juge, lui aussi peu curieux, ne songe point à s'étonner que, six semaines avant, le jeune Huraux ait négligé de lui raconter une scène de pareille gravité.

Perrin ne s'étonne d'ailleurs pas de grand'-chose. Il écrit sans sourciller. Il ne se dit point que ces criminels endurcis sont singulièrement imprudents. Ils savent que Michel Huraux couche à l'écurie et ils vont égorger un homme et le laisser appeler au secours, à quelques pas de ce témoin. Pour commettre ce forfait, ils laissent tout au large, éclairée, les volets ouverts, la fenêtre qui donne sur la rue où circulera peut-être un passant attardé. Quelle inconscience ou quelle audace.

La grande charge contre les Arnould, c'était leur maison transformée en réduit dont personne n'approchait. Perrin l'a-t-il oublié. Les épines et les tas de bois qui en interdisaient l'accès, que sont-ils devenus en cette nuit d'hiver, il y a six ou huit années, peut-être plus, peut-être moins, on ne sait pas au juste ?

Ces fenêtres toujours fermées, tous les témoins l'ont dit, les Arnould les ont ouvertes pour la circonstance. Et cet enfant un peu simple, cet abandonné sans foyer ni famille, a conservé pour lui ces horribles visions. A personne, jamais, il n'a fait de confidence. Un doute ne peut-il naître ? Michel Huraux a-t-il bien vu ce qu'il raconte ?

Objections oiseuses et sans portée.

Le juge est convaincu et il a raison. Depuis longtemps Michel Huraux a parlé ; il n'a pas attendu la découverte des ossements et l'arrestation des Arnould. Sans doute, il n'a pas parlé beaucoup, mais ce qu'il a dit suffit.

Sa première déposition, celle du 7 messidor,

a été suivie d'une autre. Dans la même matinée, le juge a entendu Jeanne-Rose Emonet, fille majeure, âgée de trente-six ans, dentellière à Vittel.

Elle a confirmé ce que venait de dire Michel Huraux. Depuis longtemps, elle sait. Il y a environ sept ou huit ans (Michel n'avait pas encore rectifié sa date), elle rencontra le dit Huraux qui se rendait chez un certain Gilbert et elle fit route avec lui. Michel Huraux lui raconta tout, ce jour-là. Mot pour mot, Jeanne Rose Emonet répète le récit que vient de faire Michel Huraux et elle le fait dans des termes si identiques, avec des mots si semblables, qu'on peut se demander si le juge ne les lui a pas quelque peu soufflés ou si une leçon en commun n'a pas été apprise. Ce récit, je viens de le donner, il est inutile de le rapporter à nouveau. Ce sont les cris d'angoisse d'un homme qui va mourir et qui réveillent Michel Huraux couché dans l'écurie ; c'est le cadavre étendu dans la cuisine et qu'entourent cinq ou six personnes. De l'autre scène, du transport dans la nuit, à trois semaines de là, il n'est pas encore question.

Quand Jeanne-Rose-Emonet eut terminé sa déposition, elle poursuivit : « J'ai engagé Michel

Huraux à garder le plus grand secret, mais j'ai ajouté que si jamais il était appelé devant la justice, il devait faire une déclaration fidèle de ce qu'il avait vu et entendu. »

Pendant des années, ce silence a été fidèlement observé et cette promesse de dire la vérité devant la justice, Michel Huraux la tient aujourd'hui. Ce redoutable secret, cette vision des assassinats, les crimes des Arnould, deux personnes seulement les connaissaient. Longtemps elles ont su se taire, mais aujourd'hui, elles parlent. Elles peuvent enfin dire la vérité.

Mais il y a mieux encore. Jeanne-Rose Emonet n'a pas seulement été la confidente de Michel Huraux. Elle aussi a vu, et ce qu'elle a vu, elle va le dire.

Ce qu'elle sait est, à parler net, effrayant ; il n'y a pas d'autres termes.

« Il y a huit ans ou environ, dans le courant du mois de thermidor, elle était à la veillée chez défunt le citoyen Lafleur de Vittel avec plusieurs femmes. Vers une heure ou deux après minuit, elle entendit des cris lugubres qui partaient à la distance de dix à douze toises de la maison où elle était. Ayant cherché à connaître ce qui donnait lieu à ces cris, elle était sortie de la maison, après avoir allumé une lanterne qu'elle cacha sous son tablier et elle se rendit à l'endroit d'où elle présumait que les cris étaient partis.

Arrivée près du ruisseau, elle avait trouvé un cadavre étendu par terre qui respirait encore (*sic*) et qu'elle avait reconnu pour être le cadavre d'un homme. Elle chercha, au moyen de la lanterne, à reconnaître cet homme, mais elle ne put y parvenir. Il avait la figure ensanglantée et rendait les derniers soupirs ; il était sans habits, le collet de sa chemise déchiré, sans col, ayant sur les reins une ceinture en cuir débouclée, les culottes déboutonnées en partie.

Saísie à l'aspect de ce cadavre, Jeanne-Rose Emonet était retournée au domicile de Lafleur où elle resta encore l'espace de sept à huit minutes. Étant ensuite sortie pour se rendre chez elle, elle se reporta de nouveau sur le local où gisait le cadavre, dans l'intention de parvenir à découvrir les auteurs de cet assassinat. Ses soupçons tombèrent d'abord sur François et Sébastien Arnould. Dirigeant sa marche vers le lieu où gisait le cadavre, elle aperçut, à deux ou trois toises devant elle, deux hommes qui lui parurent d'une stature assez forte et d'une taille égale, dont l'un portait sur son épaule le cadavre. Ayant cherché à se soustraire à la vue de ces deux hommes, elle s'était cachée derrière un saule et, ayant ensuite suivi la direction de ces deux hommes, elle les avait vus entrer dans le jardin attenant à la maison qu'occupait alors François Arnould et qui est habitée aujourd'hui par Charles Richard. Elle les vit déposer le cadavre à l'extrémité du dit jardin.

Elle était encore restée quelque temps après ce dépôt aux aguets pour savoir où se retireraient ces deux hommes, mais l'obscurité de la nuit l'empêcha de satisfaire sa curiosité sur ce point. Toutefois, après les avoir perdus de vue dans les ténèbres, elle entendit, la minute d'après, le bruit d'une porte que l'on ouvrit, puis que l'on referma et qui lui sembla, sans pouvoir néanmoins l'affirmer, partir de la maison de François Arnould.

Ayant fait ce récit, elle le termina sans que le juge posât aucune question ; elle déclara qu'il contenait la vérité et qu'elle y persistait, mais qu'elle ne pouvait le signer, car elle ne savait pas écrire. Puis elle requit taxe que Perrin fixa à quatorze francs.

Le 15 thermidor, Jeanne-Rose Emonet est entendue de nouveau.

Les quelques semaines qui viennent de s'écouler ont, chez elle aussi, modifié les souvenirs. A son premier récit si précis, elle vient apporter des modifications troublantes.

Elle a bien vu sur la route un cadavre ou du moins un homme qui était en train d'expirer, mais quand elle est revenue une seconde fois, avec sa lanterne sous sa jupe, contrairement à ce qu'elle a dit un mois avant, elle ne l'a plus trouvé. Au même instant, elle a vu deux hommes qui se sauvaient ; elle croit qu'ils emportaient le cadavre, mais elle ne peut l'affirmer. Elle a entendu dire à ces hommes : « Paix, Paix », et aussitôt après, elle les a vus se coucher. Après quelques instants, ils se sont relevés, ont passé le ruisseau et de là sont entrés dans le jardin d'Alexandre Phélisse, elle ignore ce qu'ils ont fait du cadavre.

La déposition est close et arrêtée, mais tout de suite le juge la reprend. Jeanne-Rose Emonet veut encore modifier quelque chose. Elle dit, qu'au moment où ces faits se sont passés, François Arnould ne résidait pas dans la maison de Charles Richard où elle croyait avoir vu transporter le cadavre, comme elle l'a dit dans sa première déclaration, mais bien dans la maison de cure du grand ban et, autour de cette maison, elle n'a rien vu de suspect.

Quelle que fut son inébranlable confiance, Perrin, après avoir entendu tout cela, ne resta-t-il pas un peu perplexe ? Jeanne-Rose Emonet est-elle bien sincère ? A-t-elle vu tout ce qu'elle raconte ?

Pendant huit ans, Jeanne-Rose n'a rien dit, elle qui parle tant aujourd'hui. Elle a été la seule confidente de Michel Huraux et, par un singulier hasard, elle aussi, elle a vu. Mais ni l'un ni l'autre n'ont jamais rien raconté à personne.

Quelle scène étrange, la nuit, dans une rue du village, devant les maisons où les femmes sont à la veillée. Que de contradictions. En messidor, Jeanne-Rose a vu le cadavre porté sur l'épaule d'un homme, en thermidor, elle ne sait plus si elle a vu emporter ce cadavre.

D'abord, il était transporté, ce cadavre inconnu, dans la maison Richard qu'habitait alors, croyait-elle, l'aîné des Cardinaux. Elle reconnaît aujourd'hui que François n'habitait plus là, et qu'il résidait à l'époque dans l'ancienne maison curiale.

Est-ce bien de lui qu'il s'agit ?

Perrin s'est décidé depuis longtemps à prendre parti.

Le sept messidor, Michel Huraux a révélé que sept ou huit ans auparavant, il avait vu par la fenêtre de la cuisine un cadavre étendu au milieu de la famille Arnould. La femme François Arnould était là. Pas d'hésitation, le même jour mandat d'amener est décerné contre elle.

La nouvelle inculpée est amenée à Mirecourt.

C'est Delpierre, le magistrat de sûreté, le représentant du ministère public, qui l'interroge.

Elle dit qu'elle s'appelle Thérèse Hatier, qu'elle a quarante-trois ans et qu'elle a épousé le 22 janvier 1788 François Arnould qui était veuf d'Élisabeth Chrétien.

Ses réponses sont très nettes : elle nie tout.

Les assassinats dont on l'accuse, elle et les siens, elle ne sait pas ce que cela veut dire.

Elle n'en a été ni l'auteur, ni le témoin. Elle n'a jamais vu d'individu mort dans leur cuisine, près du foyer ; pas davantage elle n'a vu, il y a environ huit ans, François, avec Sébastien ou un autre de ses frères, rapporter dans sa maison le cadavre d'un individu qu'ils avaient tué dans un clos traversé par un ruisseau, dit le Réveillon.

Elle n'a jamais vu se commettre un crime ; à plus forte raison n'a-t-elle pas pris part elle-même à des assassinats.

Les questions sont restées dans le vague ; la fameuse scène qu'a rapportée Michel Huraux n'a pas été précisée. La femme de François, comme les cinq autres inculpés, a nié tout avec obstination et là-dessus Delpierre a délivré mandat de dépôt. A son tour, Thérèse Hatier entre à la prison de Mirecourt.

Perrin reprit son enquête le 9 thermidor.

C'était encore un anniversaire. Voilà dix ans déjà la Terreur a cessé de régner sur la France.

Perrin aimait-il à méditer les grandes leçons de l'histoire. Revit-il dans sa pensée le grand drame qui se jouait le neuf thermidor an II, sous le soleil de feu d'un jour d'orage et où grondait la foudre ? Revit-il la séance de la Convention, Saint-Just à la tribune, Tallien menant l'attaque ? Entendit-il la sonnette de Collot d'Herbois et de Thuriot couvrant la voix de Robespierre ? Entendit-il l'apostrophe : « Me donneras-tu la parole, président d'assassins ? Entendit-il Garnier de Saintes crier à Robespierre : « Le sang de Danton t'étouffe », et Fréron l'accabler sous ces paroles vengeresses : « Voilà la place de Condorcet et de Vergniaud ? »

Non, le temps passe et Perrin était trop occupé. Peu lui importait la Convention mettant hors la loi les terroristes, le tocsin appelant Paris aux armes, Barras, enlevant à l'hôtel de ville Robespierre et ses fidèles, et les vingt-deux exécutions, quand le soleil se couchait sur la Seine, à la place même où était mort Louis XVI, et le bourreau montrant au peuple trois têtes, les faces défigurées de Robespierre, de Dumas et de Hanriot.

Dix ans avaient passé. Qu'étaient devenus le voluptueux Barras, Tallien et Thérézza Cabarrus, cette madame Tallien que l'on appelait en ce temps : Notre-Dame de Thermidor.

Tout cela vient déjà d'un passé très lointain. La scène que tous ceux-là ont quittée n'a plus qu'un acteur, c'est l'ancien lieutenant d'artillerie Bonaparte, le Consul d'aujourd'hui, l'Empereur de demain.

C'est en son nom que les mandats d'arrestation contre les Cardinaux ont été délivrés.

V

DES MAINS ET DES PIEDS COUPÉS

Perrin n'a pas perdu son temps en ce mois de thermidor de l'an XII. Il s'est installé à Vittel. Pendant quatre jours, il interrogera vingt-sept témoins nouveaux. Il fera revenir devant lui ceux qui ont déjà été entendus. C'est que beaucoup savent du nouveau.

Voilà cinq mois que les squelettes ont été découverts dans la carrière, cinq mois que les assassins sont arrêtés.

A Vittel, on a eu tout le temps de réfléchir, de se rappeler et de beaucoup causer. Quelle sera maintenant la part de la vérité et celle de l'imagination. Les récits, les témoignages ont-ils gardé leur fraîcheur du début ? Le temps les a-t-il déformés ou les souvenirs éveillés les ont-ils faits plus précis ?

Ce qu'il y a de certain, c'est que ceux qui, en ventôse, se sont tus ou dit tout ignorer, apportent en thermidor d'impressionnants récits.

Le 2 germinal, Pommier a interrogé Jean-Claude Briot, âgé de vingt-quatre ans, marchand de bétail à Vittel et le témoin a déclaré ne rien savoir de relatif à la procédure dont s'agit, sinon que les prévenus jouissent d'une très mauvaise réputation.

C'était peu de chose, c'était connu.

Le 15 thermidor, plus de quatre mois après, Jeanne-Rose Emonet vient de quitter le cabinet de Perrin, quand Claude Briot y entre à son tour, et, ajoutant à sa première et insignifiante déclaration du printemps, il raconte à son tour un épouvantable récit.

Il a souvent ouï dire à plusieurs personnes de Vittel que son père, Jean-Claude comme lui, décédé depuis sept ans passés, entendant un jour des cris de détresse, était entré chez François Arnould, pour lui reprocher sa brutalité envers sa femme. Son père avait vu dans la cuisine du dit Arnould, soit sur une civière, soit dans une hotte, des débris tronçonnés de cadavres. Il avait distinctement reconnu des mains et des pieds. Il avait demandé à Arnould ce qu'il faisait et celui-ci avait répondu qu'il venait de tuer une chèvre malgré sa femme. C'est pourquoi ils étaient en querelle. Sur quoi, le père Briot aurait répliqué : « Tu es un scélérat, un malheureux, ce n'est point une chèvre que tu viens de tuer, mais bien un homme, car les chèvres n'ont pas de mains, ni de pieds. »

Voilà l'horrible spectacle qu'aurait vu son père.

Au surplus, ajoute le témoin, son père ne lui a jamais parlé de cette histoire, mais tout le monde dit qu'elle lui est arrivée, il est donc probable que c'est vrai.

Suivent un certain nombre de témoins qui savent tous que le père Briot a vu jadis des mains et des pieds coupés dans la cuisine de François Arnould. Un seul ne connaît pas l'incident, c'est la veuve de Jean-Claude Briot. Son défunt mari ne lui a jamais rien raconté, pas plus qu'à son fils. Cet homme n'était pas loquace dans son intérieur, il réservait ses confidences au public.

Perrin s'attacha à vérifier ce racontar et, sans trop de peine, il y réussit. Il trouva un témoin qui avait assisté à la scène, c'était Nicolas Moitessier, âgé de soixante-deux ans, officier en retraite à Vittel.

Ses souvenirs étaient précis. Le 23 juillet mil sept cent nonante-cinq, il est sûr de la date, car le lendemain, il est parti pour rejoindre l'armée des Pyrénées, à l'entrée de la nuit, il buvait avec Jean-Claude Briot chez la veuve Thiébault, dont la maison n'était éloignée de celle de la veuve Arnould, où résidait alors François, que d'environ cent mètres. Des cris s'étant fait entendre, les femmes sortirent de leurs maisons et dirent que quelqu'un était sûrement dans l'embarras. Là-dessus, Briot et lui allèrent jusqu'à la maison Arnould d'où semblaient sortir les cris. C'était François qui battait sa femme.

Briot entra et aperçut du sang et quelque chose d'ensanglanté sur une civière. Il interpella François, qui lui répondit qu'il n'avait pas entendu appeler au secours et qu'il venait de tuer une chèvre, ce qui avait amené une dispute entre sa femme et lui. Là-dessus, tous deux se retirèrent sans avoir vu, ni l'un ni l'autre, des pieds ou des mains coupés.

Le fils Briot avait l'imagination trop vive.

La mémoire est revenue encore à Étienne Villemin, un cultivateur de Mandres-sur-Vair. Il y a eu dix-sept ans, le troisième dimanche de carême (donc au printemps de 1787, deux ans avant la

Révolution), il allait de Mirecourt à Vittel sur les neuf ou dix heures du soir. La nuit était fort obscure. Il traversait les champs aboutissant sur le potager attenant à la maison de la veuve Arnould. A la distance de quarante-cinq mètres de ce jardin potager, il vit un homme qui sortait, à ce qu'il lui parut, du jardin de cette veuve et qui se sauvait, courant à travers les champs et à toutes jambes. Il a crié à cet homme : « Camarade, où allez-vous ? » A ces mots, l'inconnu a répondu d'un ton agité et très effrayé : « Camarade, sauvez-vous, vous êtes perdu », et sans rien dire de plus, il a continué sa course. Cet homme n'avait pour tout vêtement que sa chemise et ses culottes. Il n'avait pas de chapeau, ni même de souliers, croit Étienne Villemin.

Quel était ce miraculeux rescapé ; dix-sept années avant l'ouverture de la carrière ? Personne n'en a jamais rien su. Étienne Villemin ne le connaissait pas et ne l'a plus revu. Cet homme n'est entré nulle part dans le pays pour demander du secours. Continuant sa course affolée à travers champs, sans chapeau, ni souliers, il s'est éloigné au plus vite de l'inhospitalière région de Vittel, sans jamais songer à porter plainte, ni à révéler les faits qui l'avaient tant effrayé.

Perrin, ces jours-là, achève presque son enquête. Les derniers témoins ne lui apportent plus de révélations sensationnelles.

Il a convoqué l'officier de santé Bailly, demeurant à Darney, celui qui a jadis donné ses soins à Nicolas Biet, l'infortuné que François et Sébastien Arnould ont roué de coups, à qui ils ont fait boire de l'urine, au point que Biet est mort de ces excès l'année d'après.

L'officier de santé Basile Bailly se souvient très bien qu'il a été appelé à Clairefontaine auprès de Nicolas Biet, il y a plus de quinze ans. Celui-ci avait reçu des blessures à la tête dont l'une, à la partie supérieure, n'occupait que les téguments d'un pouce et demi de long sur deux lignes de large, et une autre sur le temporal droit d'un pouce de long sur une ligne de large. Ces blessures ne lui ont pas paru dangereuses.

Les témoins de ce temps avaient vraiment une extraordinaire mémoire. Les dépositions relatent presque toutes les dates, par quantième et mois, de minuscules événements qui se sont passés à bien des années en arrière. L'officier de santé Basile Bailly a la même imperturbable mémoire. Il précise le jour de sa visite à Clairefontaine au chevet de Biet ; elle a eu lieu le 5 mai 1789.

Encore une date.

Ce jour-là, à Versailles, les États Généraux se réunissent. La veille s'était déroulée la procession du Saint Sacrement où la Cour était apparue magnifique, le Roi, dans le grand costume du Saint-Esprit, la Reine, étincelante de pierreries. L'évêque de Nancy, La Fare, avait fait un discours où il morigénait quelque peu et la Cour et le Roi.

Le lendemain, 5 mai, les mille sept cents députés des États pénétraient au lieu de leur séance. Par une étrange ironie, cette salle, où allait se faire la Révolution, s'appelait la salle des Menus Plaisirs. A une heure, le Roi était entré et, de sa grosse voix rude, avait lu un discours assez bref qui n'avait satisfait personne. Le Garde des Sceaux Barentin avait parlé si bas qu'on ne l'avait point entendu et Necker avait été si long qu'il avait lassé l'attention de tous.

Pendant qu'au petit village de Clairefontaine, l'officier de santé Bailly donnait ses soins à l'infortuné Nicolas Biet, la Révolution commençait.

Le 17 thermidor (6 août 1804), Perrin rentra à Mirecourt et ne s'occupa plus de l'affaire. Thermidor s'acheva, puis fructidor. L'automne était venu et vendémiaire déjà fortement entamé quand le juge rouvrit son dossier.

Par exemple, lorsque Perrin se mettait au travail, il ne perdait pas son temps. Le 14 vendémiaire an XIII (6 octobre 1804), il interrogea dans sa journée les six inculpés.

Pour une telle accusation, c'était peut-être aller un peu vite. Les témoins avaient rapporté des faits en telle profusion que l'exposé en devait être long et minutieux.

Perrin ne s'embarrassa pas des détails.

En une phrase, il demande à François Arnould si, dans le cours de l'hiver de l'an VI, il n'a pas reçu et logé chez lui pendant plusieurs jours le nommé Michel Huraux, alors mendiant dans la commune de Vittel.

François n'a jamais reçu chez lui cet individu, mais il sait que sa femme lui a donné l'hospitalité, il y a une douzaine d'années.

Il était alors absent ; il n'a donc pu commettre d'assassinat sur la personne d'un étranger, quand Michel Huraux était chez lui.

Perrin revient sur l'histoire du père Briot qui a vu dans la cuisine des mains et des pieds coupés. Cette histoire paraissait cependant bien avoir vécu, Nicolas Moitessier, le compagnon du père

Briot, n'en ayant jamais entendu parler. Le juge ne l'a pourtant pas oubliée. A son interrogation, François répond tout simplement : Non. Il n'a jamais déposé de mains ou de pieds coupés dans une hotte.

Interrogé s'il y a environ huit ans, dans le cours de thermidor, il n'a pas contribué à assassiner un étranger pendant la nuit, près du ruisseau de Vittel, à proximité des maisons, et à la distance d'environ vingt mètres de celle alors habitée par le nommé Lafleur et quels étaient ses complices pour cet assassinat.

C'est l'accusation de Jeanne-Rose Emonet.

A répondu, continue l'interrogatoire, qu'il n'a point assassiné d'étranger et qu'il n'a par conséquent point eu de complices pour ce délit.

C'est fini sur les assassinats.

Quelques lignes encore sur de menus méfaits, le vol chez Phélisse en 1785, une banale querelle avec un certain Jean Gilbert, de Grainvillers, et le juge passe à la femme de François Arnould. Il n'est pas beaucoup plus pressant. La femme François se contente de dire qu'au temps où elle a hospitalisé Michel Huraux, il n'a pas été commis d'assassinat dans sa maison.

Plus longuement, le juge cherche à savoir si,

quand Briot est entré dans la maison, on avait ou non tué une chèvre. Les récits de Briot lui tiennent au cœur.

Avant le déjeuner, Sébastien à son tour comparaît. Il est onze heures et Perrin est sans doute pressé. Une seule question à laquelle le prévenu répond non. Avez-vous commis deux assassinats, l'un près du ruisseau de Vittel, l'autre au domicile de votre frère ? Ce sont toujours les révélations de Michel Huraux et de Jeanne-Rose Emonet.

Après-midi, interrogatoire de Joseph, de sa mère et de sa sœur. Chacun, demandes et réponses, compte treize lignes. Êtes-vous auteur ou complice d'un assassinat près du ruisseau et d'un autre dans la maison de François ?

Réponse : Non.

Et c'est fini.

Si les Arnould sont coupables, comme tout le fait croire et comme chacun le pense, Perrin a perdu une belle occasion de le prouver. Si, contre toute évidence, ils sont innocents, victimes malheureuses d'une opinion publique surchauffée et d'apparences tragiques, ils sont perdus. Ils n'ont pu discuter avec leurs accusateurs, chercher à se dégager, détruire ou affaiblir les témoignages recueillis au cours d'une longue enquête. Si une épouvantable erreur judiciaire est en train de se commettre, qui désormais pourra l'arrêter ?

Une erreur judiciaire, allons donc.

Derrière tout Vittel, derrière ceux qui ont connu les Arnould, gens de rien, coquins, voleurs et scélérats, n'y a-t-il pas Michel Huraux, n'y a-t-il pas Jeanne-Rose Emonet ? Ceux-là ont vu et bien vu.

Perrin, et il a raison, n'a pas une minute d'hésitation. Il clôt son enquête. N'a-t-il pas avec Pommier interrogé cent vingt-huit témoins. De tous ceux qui lui ont été signalés, il n'a négligé aucun. Il réfléchit, pèse le pour, suppute le contre et il ne voit plus rien à faire.

Ses pouvoirs vont d'ailleurs expirer, il a fait à son tour six mois d'instruction et il va repasser le dossier à Pommier.

Le 27 frimaire, c'est Pommier qui interrogera un cent vingt-neuvième témoin. Celui-ci, il l'a fait venir de loin. C'est Jacob Wilhem, marchand de bétail à Vandœuvre, arrondissement de Bar-sur-Aube.

Ce Wilhem, le 13 floréal an VI (mai 1798), revenait d'Alsace et retournait chez lui quand il a été attaqué vers deux heures du matin, près de Liffol-le-Grand, par deux individus en habit de garde nationale, ayant la parole forte et tous deux remplis d'embonpoint. L'un lui a demandé quelle heure il était, puis lui a porté un coup de bâton sur la tête ; l'autre lui a pris son sac qui contenait 1.700 francs en écus et l'a menacé de lui brûler la cervelle s'il bougeait. Le témoin a toujours soupçonné Sébastien Arnould d'être celui qui lui avait porté des coups, mais il ne peut l'affirmer, car il vient d'apercevoir Sébastien dans le couloir et il lui semble qu'il est plus petit que l'homme de Liffol-le-Grand qui portait l'uniforme de la garde nationale, et qu'il n'a pu d'ailleurs qu'entrevoir dans la nuit, il y a sept ans.

Sur cette déposition, l'instruction était terminée.

Pommier, le 8 pluviôse an XIII (28 janvier 1805), communiqua son dossier au ministère public, en l'espèce au magistrat de sûreté Delpierre, devenu maintenant sous Bonaparte, Empereur des Français, substitut du Procureur Général impérial près la Cour de justice criminelle du département des Vosges.

VI

AVANT L'AUDIENCE

Le 18 pluviôse, Delpierre dressa son exposé de faits et saisit le jury d'arrondissement.

Dans l'instruction criminelle d'alors, toute affaire était d'abord soumise à ce jury d'arrondissement. On tirait au sort, comme l'avait prescrit la loi du 10 germinal an VIII en son article 3, huit jurés sur la liste générale établie par le Préfet pour chacun des trimestres. Ce jury jouait le rôle de chambre des mises en accusation. S'il estimait les charges insuffisantes, il rendait une décision de non-lieu ; si la culpabilité lui semblait prouvée ou du moins vraisemblable, il renvoyait l'affaire devant la Cour de justice criminelle.

Le 20 pluviôse (9 février 1805), les jurés de

Mirecourt, sur les réquisitions de Delpierre et à la présidence de Pommier, en décidèrent ainsi :

La déclaration du jury est : oui, il y a lieu ; signée à cette date : Nicolas Gavot, chef du jury.

La Cour de justice criminelle est désormais saisie de ces multiples assassinats ; elle l'est aussi de méfaits plus menus, qui encombrent peut-être un peu les débats, mais peignent bien la physionomie des Cardinaux, bandits sinistres qui pendant de si longues années ont terrorisé le pays.

Le terrain des débats, c'est Delpierre qui le fixe dans son acte d'accusation, c'est Pommier qui l'adopte dans son ordonnance.

Au moment où la solution approche, il est peut-être bon de voir où on en est. Parmi ces vols, ces attaques sur les routes, ces escroqueries, ces indélicatesses, que retient-on au juste à la charge des Arnould ?

Dans les innombrables témoignages, quelles preuves ont paru sérieuses, décisives, irréfutables. Lesquelles établiront définitivement les assassinats de ces marchands de bœufs étrangers.

L'acte d'accusation de Delpierre nous dit tout cela.

Contrairement aux habitudes de ce temps, il

est écrit en langue assez simple, il ne se perd pas en considérations ronflantes sur l'horreur des forfaits dont il demande la répression.

L'éloquence et le style judiciaires sont d'ailleurs toujours un peu en retard sur la rhétorique de leur époque. Les périodes ampoulées, les comparaisons solennelles et pompeuses, les périphrases compliquées et amenées de fort loin fleuriront, surtout sous la Restauration et le Roi citoyen, Louis-Philippe Ier.

Au début de ce siècle, il en est cependant de bien jolis exemples. On ne peut que féliciter Delpierre de ne pas les avoir suivis.

Il expose les faits tels que, pour lui, ils résultent de l'instruction.

Peut-on lui reprocher d'avoir un peu trop mélangé les broutilles avec les assassinats, d'avoir confondu les peccadilles et les accusations capitales ? A le lire, on reste quelque peu surpris. S'agit-il de niaiseries ou bien de très grands crimes ?

Reproche plus grave. Le magistrat de sûreté Delpierre a vraiment un peu trop d'imagination. Il corse son exposé, il amplifie les témoignages. D'un doute, il fait volontiers une affirmation, et d'une hypothèse une certitude.

Que cette tendance ait tout à fait disparu de nos actes d'accusation modernes, il serait tout au moins hardi de l'affirmer. A n'en point douter les exposés de faits, même ceux d'aujourd'hui, gagneraient à se rapprocher un peu plus de la vérité.

Delpierre rapporte d'abord, et rapporte très longuement, les différents méfaits des Cardinaux : le vol chez Phélisse, l'assassinat de Nicolas Biet par François et Sébastien, le coup de couteau au garde Floriot pour lequel François a déjà été condamné. Par la suite, il complétera la liste, l'agression de Jacob Wilhem près de Liffol-le-Grand, l'attaque de Charles Puret sur le chemin qui traverse le cimetière de Vittel, un vol de montre, que sais-je encore. L'énumération en devient fastidieuse. Delpierre, s'il avait écouté tous les témoins, aurait pu en retenir bien davantage encore. Il consent à laisser de côté un vol de sarments dans une vigne, un autre de foin dans la prairie de Vittel.

Au milieu des broutilles, Delpierre en revient aux assassinats, il reprend, en les dramatisant encore, le récit des témoins. Il raconte les sinistres découvertes de la carrière, les squelettes trouvés à quelques pas de la maison Arnould.

Il rappelle l'odeur « cadavéreuse et féticide » produite, il l'affirme, sans l'ombre d'une hésitation, par l'exhalaison de cadavres de particuliers inconnus, la plupart marchands de bétail, assassinés le plus souvent dans la maison d'Agnès Chassard et successivement déposés dans la carrière au cours de l'an II et de quelques-unes des années suivantes.

Il n'a garde de négliger les volets fermés, les épines autour de la maison et sur la carrière, le batardeau qui amenait les eaux pluviales au-dessus des cadavres pour les décomposer plus vite.

L'histoire Briot, avec les mains et les pieds coupés dans un panier, lui tient au cœur. Il la rapporte très longuement. Il raconte encore bien d'autres choses.

Les inconnus qui sont venus à Vittel et qu'on n'a plus revus, l'homme au cheval blanc qui a tant intrigué Jacques Collin, l'inconnu qui se sauvait en chemise dans la nuit, en criant à Étienne Villemin : « Sauvez-vous, vous êtes perdu. » J'en passe, et beaucoup.

Bien entendu, les récits de Michel Huraux et de Jeanne-Rose Emonet sont à la place d'honneur, complétés par des précisions et des détails dus sans aucun doute à l'imagination fertile de Delpierre, car ils ne se trouvent pas au dossier.

Enfin, la tentative d'assassinat commise par Agnès Chassard et sa fille Thérèse sur la personne de Joseph Duvaux, leur gendre et mari. Elles ont voulu le faire périr en l'étranglant et elles n'ont cessé leur tentative qu'à l'arrivée de plusieurs personnes accourues aux cris de Joseph Duvaux.

Suivent ensuite des vols et des violences à la charge de Sébastien et de Joseph, je passe encore.

Sur les assassinats, on sait maintenant à quoi s'en tenir. Il y en a deux sur des personnes connues, Nicolas Biet, tombé sous les coups des Arnould et mort un an après, Joseph Duvaux qui, heureusement, a échappé à la fureur de sa femme et de sa belle-mère.

Les autres crimes ont une allure bien différente. Ce sont les meurtres sauvagement organisés, froidement exécutés dans la maison d'Agnès Chassard ou de François.

Les victimes, on ne les connaît guère, mais ce sont des marchands de bêtes à cornes et leurs ossements ont été retrouvés dans la carrière ou dans la maison Richard, au milieu des restes de femmes et d'enfants. Leur nombre, on l'ignore aussi ; il y en a plusieurs.

C'est tout ce qu'on a pu savoir. Des noms ont été donnés, les Didiot de Saulieu et de Thoisy-la-Berchère, Pierre, de Monthureux-les-Gray, Compagnon, de Brion en Bourgogne. Ce sont peut-être ceux-là, ce sont peut-être d'autres.

Les seuls témoins précis des assassinats ne sont guère en somme que Michel Huraux et Jeanne-Rose Emonet. Mais dans les grands crimes, est-il jamais des témoins directs ?

Cent vingt-neuf témoins ont apporté à l'enquête de multiples renseignements. Probabilités, hypothèses, coïncidences peut-être. Mais faibles si on les divise, quand elles se réunissent en faisceaux, ces présomptions ne deviennent-elles pas accablantes ?

Ces inconnus qui ont passé dans le pays, et qu'on n'a plus revus, la fortune rapide des Arnould, leur détestable réputation. Les squelettes dans la carrière, d'où viendraient-ils, s'ils n'étaient ceux des victimes ? Et l'odeur cadavéreuse, les précautions prises, les épines, les fagots, le batardeau.

Est-il possible de chercher preuves plus fortes?

Les accusés sont renvoyés devant la Cour de

justice criminelle, siégeant à Épinal, le 20 pluviôse an XIII. Ils attendront encore de longs mois leur arrêt. Ils ont cependant été transférés au chef-lieu dès le 26 pluviôse. Le lendemain 27, Joseph Derivaux, juge en la Cour criminelle, régulièrement délégué par le président, les a fait extraire de la maison de justice et a procédé à l'interrogatoire prescrit par la loi.

Ces interrogatoires n'apprennent rien de nouveau. En vain Derivaux reproche-t-il à François Arnould d'avoir dit que les vieux étaient dessous et les jeunes dessus, ce qui annoncerait une connaissance parfaite de l'ordre qu'on avait observé dans les enterrements.

François Arnould nie avoir jamais tenu pareil propos.

Les accusés répètent une fois de plus qu'ils n'ont jamais assassiné personne, qu'ils ignorent d'où peuvent venir les squelettes trouvés dans la carrière. Ils sont innocents, c'est tout ce qu'ils peuvent dire.

Derivaux ne pousse pas plus loin ses interrogatoires.

Avant de les clore, il demande aux accusés s'ils ont fait choix de défenseurs officieux qui remplacent les avocats dont l'ordre a été supprimé par la Révolution et n'est pas encore rétabli.

François Arnould et sa femme ont choisi M. Martin, avoué à Épinal, Sébastien et Joseph ont demandé à M. Maurice de les défendre. Agnès Chassard et sa fille n'ont pas encore de défenseurs ; Derivaux leur désigne d'office M. Collin, avoué à Épinal.

Qu'étaient ces trois défenseurs officieux, Martin, Maurice et Collin ? On ne sait. Des avoués de la petite ville des Vosges, plus absorbés sans doute par le souci de leur clientèle paysanne et les procès civils que par le désir de briller dans de grands débats criminels.

L'histoire locale n'a pas conservé leur souvenir.

L'enquête n'est pas encore close. On a signalé de nouveaux témoins qui peut-être savent quelque chose. Amand Papigny, juge en la Cour criminelle, les interroge le 28 ventôse. Il ne veut rien négliger qui puisse confondre les Arnould.

Aubin Garnier a eu, voilà quatorze ans déjà, une vive discussion avec François Arnould, à qui il avait confié des tonneaux, alors que le dit Arnould lui avait prêté deux sacs. Arnould ne lui a pas rendu ses tonneaux et lui non plus n'a pas restitué les sacs. Tout cela n'a pas été sans paroles aigres, ni menaces.

Les deux sœurs Briot déposent sur un fait de plus sérieuse importance. Il y a environ quatorze ans, pendant l'hiver, elles étaient couchées ensemble dans leur maison, voisine de celle d'Agnès Chassard. La tête de leur lit touchait à la croisée du « poêle » qui donne vis-à-vis la carrière. Environ une demi-heure après qu'elles furent couchées, elles entendirent des plaintes exprimées par un individu qui était placé près de la croisée du « poêle ». Ces cris annonçaient une personne excédée et expirante. L'excessive frayeur dont elles furent toutes deux saisies fut cause qu'elles ne firent aucune recherche. Elles n'eurent d'ailleurs aucun soupçon contre les Arnould, car, bien qu'ils eussent déjà la plus détestable réputation, on ne les avait pas encore accusés d'assassinats.

Était-ce une victime des Arnould ? Était-ce un malade ou plus simplement un ivrogne ? Les sœurs Briot n'en savaient rien. Elles n'en seront pas moins appelées comme témoins en Cour d'Assises.

VII

LA COUR DE JUSTICE CRIMINELLE

Les Cours de justice criminelle siégeaient alors dans tous les départements le 15 de chaque mois. La loi des 16-24 août 1790 avait créé le jury et supprimé à jamais l'ancienne procédure secrète des parlements. Un tirage au sort assez compliqué désignait d'avance les douze jurés qui devaient constituer le jury du jugement ; trois suppléants leur étaient adjoints.

Le 15 thermidor an XIII (4 août 1805), se réunit la Cour de justice criminelle qui devait juger les Cardinaux.

Est-il besoin de dire l'ardente curiosité qui soulevait une opinion publique frémissante. Dans le paisible pays des Vosges, dans la très calme petite ville d'Épinal, on n'avait point le souvenir de pareils forfaits. Des villages entiers s'étaient portés au chef-lieu. Les cent douze témoins cités par l'accusation, les douze témoins de la défense encombraient les auberges déjà pleines ; la petite place du Palais de Justice était noire d'une foule qu'elle n'avait jamais vue.

Comme si ce n'était pas assez, ce jour-là, 15 thermidor de l'an XIII, alors que s'ouvre le procès des Cardinaux, un autre événement, joyeux celui-là, met tout Épinal en rumeur.

L'Impératrice des Français passera dans la journée se rendant aux eaux de Plombières, où elle va, dit-on, chercher l'espérance d'une nouvelle maternité.

Dans la nuit du 14 au 15, Sa Majesté Joséphine, Impératrice des Français et Reine d'Italie, est arrivée à Nancy. Des salves de mousqueterie ont annoncé sa voiture, la musique a joué l'air connu : « Où peut-on être mieux », puis elle a continué à exprimer par les accents les plus mélodieux les sentiments de l'allégresse publique. Les cris les plus vifs et les plus unanimes : « Vive l'Empereur, vive l'Impératrice », ont accompagné la souveraine jusqu'à l'hôtel de la Paix où elle a pris quelques heures de repos. Partout des arcs de triomphe, des lumières dans cette nuit d'été. Sur la place Napoléon, une pyramide surmontée de l'aigle impérial posé sur un globe, avec des feux de toutes couleurs, rappelant les hauts faits du héros dont l'auguste épouse vient honorer de sa présence la ville de Nancy.

A huit heures et demie du matin, l'Impératrice quitte la ville, au milieu des mêmes manifestations d'enthousiasme et de respect. La garde nationale sédentaire et le quatrième de ligne forment la haie ; la musique a répété les sons les plus harmonieux et les cris : « Vive l'Impératrice » se sont réitérés.

Les mêmes manifestations l'attendent sur tout son parcours. Par Flavigny, Bayon et la vallée de la Moselle, elle se dirige vers Épinal et Plombières.

Comme le décret du 24 messidor an XII l'a prescrit, à l'entrée de chaque commune se tient le maire, accompagné de ses adjoints, du conseil municipal et d'un détachement de la garde nationale. Toutes les cloches sonnent. Le curé en habits sacerdotaux est sur la porte de son église. La population, le long des routes, acclame les voitures qui passent dans un tourbillon de poussière.

En avant, les courriers ; en tête, la voiture de M. de Beausset, préfet du Palais. Le commandant de gendarmerie précède la voiture où se tient Sa Majesté avec Madame de la Rochefoucauld, dame d'honneur, de Madame d'Arberg, dame du Palais. Suivaient M. d'Harville, grand-officier de la Légion d'Honneur et premier écuyer, M. de Beaumont, chambellan de Sa Majesté. Enfin, la voiture du médecin de l'Impératrice, avec M. Deschamps, secrétaire des commandements et des écuyers ordinaires, fermait le cortège.

Sa Majesté a reçu partout, disent les communiqués officiels, les mêmes témoignages de respect, d'amour, d'empressement et de reconnaissance qu'elle partage avec son illustre époux.

Le Préfet des Vosges, Himbert de Flégny, est allé attendre l'Impératrice à la limite du département, en avant de Charmes, entre Gripport et Socourt. Il suivra la voiture jusqu'à Plombières où, à son arrivée, sur le soir, trente hommes de la garde impériale, une compagnie du quatrième de ligne, un demi-escadron du cinquième cuirassiers, venu de Vesoul, rendront les honneurs.

Dans l'après-midi, Joséphine a traversé Épinal

au grand trot de ses chevaux. La sensible créole a-t-elle su que, tout près de sa route, allaient se terminer d'aussi horribles drames. Le préfet lui a-t-il raconté la longue série de crimes qui avaient bouleversé son département ? C'est probable, il n'a point manqué une telle occasion de briller. Les grands de la terre, comme les petits, ont les mêmes curiosités et Joséphine, la créole à l'imagination vive, s'est, à n'en guère douter, intéressée aux morts de la carrière de Vittel. Elle a frémi à ces assassinats dans la nuit, à ces égorgements de la petite maison ; elle a pleuré sur ces pauvres marchands de bœufs du Morvan, dont, depuis si longtemps, les familles anxieuses attendent en vain le retour.

Pour celles-ci, elle a crié vengeance. Dans son cœur de femme, elle n'a eu pour les assassins ni indulgence, ni pitié.

Pendant que sur la route poudreuse, sous le grand soleil de thermidor, la joie est partout, que des vivats partent, vibrants, de toutes les poitrines, les cloches de l'église Saint-Maurice sonnent à toute volée et le carillon de fête, de l'autre côté de la place, entre dans la petite salle d'audience. Vis-à-vis de l'église, la Cour d'assises siège dans l'ancien couvent de la Congrégation, depuis que la juridiction criminelle a été transférée de Mirecourt à Épinal. Elle y siège encore aujourd'hui, dans la même salle basse et étroite et en cette stalle de gauche, où depuis ont défilé tant de misères, de déchéances et de tristesses, les Cardinaux se sont assis, voilà cent vingt ans.

Au fond, la Cour et son Président, Joseph Hugo, Conseiller à la Cour de Nancy.

Joseph Hugo a près de soixante ans ; il a été notaire royal au bailliage de Mirecourt et, en 1790, administrateur du département des Vosges. Il a été élu, le 4 septembre 1792, député à la Convention. Malade, presque aveugle, il a pris peu de part aux travaux de la grande assemblée et il a été déchu de son mandat le 30 septembre 1793. Plus tard, il est entré à la Cour de Nancy. La Restauration lui gardera rigueur d'avoir été, si peu que ce fût, un conventionnel et l'admettra alors d'office à la retraite.

Le premier assesseur Derivaux a été, voilà longtemps déjà, procureur général de la minuscule principauté de Salm, le charmant pays enclavé dans la Lorraine et les Vosges, au milieu des sapins, des prés verts, dans les vallées du Rabodeau et de la Plaine. Quand, en 1793, Salm s'est réuni à la France, Derivaux est resté au tribunal de district de Senones pour venir plus tard au tribunal criminel des Vosges.

Amand Papigny, le second assesseur, est aussi un homme d'âge et d'expérience, il a été juge à Mirecourt, administrateur du département. Comme Derivaux et Hugo, il finira sa carrière à la Cour de Nancy.

Le siège du Ministère Public est occupé par le procureur général Derazey, ancien avocat au Parlement de Lorraine. Le greffier Papigny tient la plume.

Les magistrats de la Cour ne portent déjà plus le costume de la Révolution, l'habit, le manteau de soie noire, le ruban en sautoir aux trois couleurs de la nation, au bout duquel était attachée une médaille d'or avec ces mots : « La loi ». Ils ne se couvrent plus du chapeau rond, relevé par devant et surmonté d'un panache de plumes noires. Depuis deux ans, ils ont repris l'ancien costume judiciaire, la toge à grandes manches en laine rouge, la simarre de soie noire, la toque de velours noir bordée au bas d'un galon de soie liseré d'or.

Devant les accusés se sont assis les avocats, Maîtres Martin, Collin et Maurice.

Des débats, rien de précis ne nous a été conservé, les journaux du temps n'ont pas fait aux crimes des Cardinaux la moindre allusion ; aucun récit n'a paru au moment du procès. L'abbé Pierrefitte, ancien vicaire de Vittel, le très consciencieux chercheur qui s'est attaché à l'histoire des Cardinaux et en a écrit un récit, n'a retrouvé qu'une seule pièce de l'époque. C'est une sorte de placard ou d'affiche imprimé à Reims, en 1806, chez Brogot, imprimeur libraire, place Impériale. Pièce assez curieuse, mais qui n'apprend pas grand'chose. Elle n'est qu'un résumé assez sommaire de l'acte d'accusation. Les journaux judiciaires, Gazette des Tribunaux ou Gazette du Palais, n'existaient pas encore. Les revues des grands procès, pourtant si nombreuses au XIXe siècle, ne se sont jamais occupées de l'affaire de Vittel. La tradition orale a bien conservé des souvenirs, mais c'est la source la plus décevante de l'histoire. Elle déforme trop facilement les faits pour qu'il soit permis de s'y attacher.

Des débats, je n'ai retrouvé au greffe d'Épinal que l'arrêt lui-même et le procès-verbal de l'audience, soigneusement transcrits par un remarquable copiste.

L'arrêt est rendu au nom de Napoléon, Empereur des Français, par la grâce de Dieu et les constitutions de la République. Il porte au pied les signatures de ceux qui l'ont rendu, Hugo, Derivaux, Papigny, signatures compliquées, aux paraphes enchevêtrés, de gens qui, en apposant leurs noms, sentaient l'importance de ce qu'ils faisaient.

Le procès-verbal des débats n'a d'autre but que d'établir, chacun le sait, l'accomplissement de toutes les formalités légales. Il les énumère longuement, mais il laisse de côté les incidents d'audience. Interrogatoires, dépositions, réquisitoires comme plaidoiries ; il ne les mentionne que pour dire que tout cela a eu lieu, il n'en donne pas la physionomie.

Le procès-verbal nous apprend toutefois que des cent douze témoins à charge, trois sont morts, que deux n'ont pas été retrouvés et parmi ceux-ci un témoin essentiel, indispensable, Jeanne-Rose Emonet, la terrible accusatrice, la confidente de Michel Huraux, celle qui a vu l'homme râlant sur la route et deux inconnus transporter des cadavres.

Chose étrange, elle a quitté le pays et son domicile est inconnu.

Les accusés avaient de leur côté fait citer douze

témoins à décharge. Que dirent-ils ? Il est impossible de le savoir.

Comment se défendirent les Cardinaux ? Accablés sous leurs crimes, balbutièrent-ils de vagues protestations. Ou plutôt, faisant tête à l'attaque, en face de ces témoins qui, unanimement, accusaient, devant le Procureur Général qui, au nom de la société et de la justice, demandait leurs têtes, se défendirent-ils violemment, jusqu'au bout, criant leur innocence et leurs malheurs ? C'est plus probable.

Si le réquisitoire fut passionné et sans pitié, que fut la défense ? Martin, Collin, Maurice, les avocats d'Épinal, comprirent-ils toute la grandeur de leur tâche ? Redoutable mission qu'ils avaient là :

Arrêter le torrent de l'opinion publique, montrer l'inanité des charges, faire naître au cœur des jurés, non point l'indulgence ou la pitié, mais jeter dans leur esprit le doute qui sauvera.

Les victimes où sont-elles ? On ne les connaît pas.

Les preuves, elles s'effondrent. Jeanne-Rose Emonet n'a pas osé venir à l'audience soutenir ses invraisemblables accusations.

Présomptions peut-être, coïncidences sans

doute. Est-ce asez pour faire tomber les six têtes que demande le Procureur Général de l'Empereur.

Tâche qui aurait pu tenter les grands avocats d'assises, les Berryer, les Chaix d'Est-Ange, les Lachaud, les Jules Favre, pour ne parler que des morts. Martin, Collin, Maurice surent-ils la comprendre ? Surent-ils, sur le terrain brûlant de la Cour d'Assises, dans les débats passionnés de longues journées d'audience, dans la fièvre et l'angoisse qui étreint tous les acteurs des grands drames judiciaires, magistrats, jurés, avocats et témoins, surent-ils alors, s'élevant au-dessus des racontars, des suppositions ou des hypothèses, saisir l'accusation corps à corps, la discuter, la disséquer, en montrer peut-être le vide et le néant ? Nous ne savons rien, le procès-verbal nous dit seulement que, conformément à la loi, Martin, Maurice et Collin ont présenté la défense de leurs clients.

Auparavant les témoins avaient déposé.

Suivant la législation en vigueur, les accusés n'avaient pas été interrogés ; ils avaient seulement pu, le long des témoignages, discuter les charges qu'on invoquait contre eux. Le code d'instruction criminelle ne prescrit pas encore aujourd'hui l'interrogatoire des accusés ; l'usage l'a imposé, l'a reconnu indispensable, essentiel. L'interrogatoire seul permet à l'accusé de s'expliquer, aux jurés de comprendre en face de qui ils se trouvent.

Puis, le Procureur Général avait parlé, et après que tous les avocats s'étaient tus, que tous les Arnould avaient déclaré n'avoir plus rien à dire, le Président Hugo avait résumé les débats, et avait enfin posé les questions aux jurés.

Il y en avait deux cent cinquante-sept. Leur nombre s'explique par les exigences de la loi de brumaire qui découpait chaque fait en de multiples questions, et les faits étaient nombreux, menus vols et assassinats. Sur les crimes graves, sur les assassinats de la carrière, ces questions étaient quelque peu déconcertantes. Dans la première question, on demande aux jurés : « Si le fait est constant que du 19 au 25 ventôse an XII, il a été trouvé des ossements de corps humains dans une carrière à proximité de Vittel », et dans la seconde : « S'il est aussi constant que ces ossements proviennent de quidams homicidés au dit Vittel, de l'an II à l'an VIII. Et enfin, par la suite, si chacun des accusés est « convaincu d'être un des auteurs de ces homicides. »

Sur ces deux cent cinquante-sept questions, la délibération fut sans doute fort longue.

Le 19 thermidor, après cinq jours d'audience, le verdict fut rendu.

Le jury n'avait pas hésité. Son chef, Alexis Didier, citoyen d'Épinal, déclara : « sur son honneur et sa conscience » que la décision du jury était unanime. Les accusés étaient tous coupables d'avoir assassiné les quidams inconnus, homicidés à Vittel de l'an II à l'an VIII.

Coupables, la vieille Agnès, sa fille Thérèse, ses trois fils, François, Joseph et Sébastien, et pour eux il ne pouvait être question que d'une peine : la mort.

Mais pour Thérèse Hattier, la femme de François Arnould, le jury avait reculé. Il s'était souvenu qu'une nuit, elle avait cherché à empêcher un meurtre, celui de Joux et celui de Voirin, les hôtes d'un soir qui avaient eu chez François un sommeil si troublé. Il ne vit en elle qu'une complice repentante et pardonna à demi. Il déclara que si la femme Arnould avait assisté les assassins, il n'y avait pas chez elle d'intention criminelle. La mort lui était épargnée.

Beaucoup pensèrent que le jury avait été bien faible.

Le jury avait retenu aussi tous les menus vols relevés à la charge des Arnould. Cependant il déclara que Joseph Arnould n'était pas coupable d'avoir attaqué à main armée, le 21 ventôse an XII, le salinier Dominique Thomas sur le territoire de Vittel pour le dévaliser et le voler. Le sort de Joseph Arnould n'en était pas modifié.

Retenues aussi les violences sur Nicolas Biet, au hameau de Clairefontaine ; mais le jury décide que les coups n'ont pas entraîné la mort, un an après.

Enfin, Agnès Chassard et sa fille Thérèse, la femme Duvaux, sont déclarées coupables d'avoir tenté d'homicider en l'étranglant Joseph Duvaux, leur gendre et mari. Cette tentative d'assassinat commise avec préméditation, dit le verdict, « n'a été suspendue que parce que, avant d'avoir été serré à la gorge, Joseph Duvaux a poussé des cris qui lui ont fait obtenir des secours des personnes du voisinage qui les avaient entendus ».

Pour les deux femmes, cette seule réponse, c'était la mort.

Aussitôt après, la Cour prononce son arrêt ; il est terrible.

Les trois frères Arnould, la mère, la sœur sont

condamnés à mort ; l'exécution aura lieu sur une place publique d'Épinal ; les cinq condamnés seront conduits au lieu de l'exécution revêtus d'une chemise rouge.

La femme François Arnould est condamnée à vingt ans de fers, peine transformée pour les femmes en une détention de même durée. Elle ne se pourvut pas en cassation.

Le 24 thermidor, conduite par l'huissier Charles Ory et sous la garde de deux gendarmes impériaux, elle fut amenée sur la place de Grève, attachée à un poteau placé sur l'échafaud, et elle demeura ainsi, durant six heures, exposée aux regards du peuple, avec un écriteau au-dessus de sa tête, indiquant en gros caractères ses nom, prénoms, âge, profession, demeure, ainsi que la cause de sa condamnation.

Les cinq condamnés à mort avaient signé un pourvoi en cassation, qui fut rejeté le 13 fructidor. La quintuple exécution eut lieu le 29 fructidor (16 septembre 1805), en plein midi, sur la petite place de Grève. C'est aujourd'hui la place de la Bourse à Épinal.

Les exécuteurs de Nancy, Metz et Colmar étaient venus assister le bourreau d'Épinal.

La foule était immense, dit la tradition, l'échafaud s'élevait au-dessus d'elle. Un peu avant midi, toutes les cloches de la ville tintèrent ensemble le glas des agonisants.

Et à midi bien juste, la tête de Thérèse Arnould, épouse de Joseph Duvaux, âgée de trente-deux ans, tomba la première. Les registres de l'état civil mentionnent à la suite, sans en indiquer la cause, cinq décès dans l'ordre des exécutions. Thérèse, Joseph, Sébastien, François et enfin, la dernière, la mère, la vieille Agnès, décédée, dit le vieux registre, à midi et quelques minutes.

La légende rapporte que, devant l'horrible spectacle, elle murmura : quelle boucherie ; que, dans le trajet, elle avait eu à subir les horribles imprécations de ses fils et de sa fille. Il est probable que tout cela est invention pure.

En écrivant ces lignes, j'ai sous les yeux une pièce d'une extrême sécheresse, mais singulièrement évocatrice. Sur un papier que le temps a jauni, Nicolas Chrétien, huissier en la Cour criminelle, relate en quelques lignes, qu'en exécution des arrêts de justice, les cinq condamnés ont subi leur peine, en présence d'un détachement de la gendarmerie impériale et d'un peuple nombreux.

Gobin, receveur de l'enregistrement, a visé la pièce le même 29 fructidor et il a mentionné qu'il y aura lieu de récupérer 28 centimes pour le timbre et cinq francs cinquante centimes pour l'enregistrement.

C'est la dernière pièce du dossier de Vittel.

Il ne va plus rester maintenant dans le pays soulagé que le souvenir d'horribles forfaits, et le sentiment que de grands coupables ont expié leurs crimes.

Au même moment, de bien autres sujets passionnent l'opinion publique. Dans tout ce mois de fructidor, les troupes traversent en masse la Lorraine. La garde impériale, venant du camp de Boulogne, passe en charrettes à Nancy. Les grenadiers d'Oudinot la suivent. Le 22, Murat est à Strasbourg avec une innombrable cavalerie. Le 29, le jour de l'exécution, on apprend que les troupes, stationnées entre Neuf-Brisach et Haguenau, porteront désormais le nom de « La Grande Armée ». L'empereur en personne la commandera et il aura Berthier comme major général.

Lannes aussi est à Strasbourg, Davoust à Haguenau, Ney à Sélestat. Le pays vibre d'enthousiasme, les troupes aussi, et le journal de la

Meurthe peut écrire : « Si tous les ennemis de la paix pouvaient voir, comme les habitants de Nancy, la belle tenue des troupes et leur ordre et entendre chanter pendant la marche, ils frémiraient du résultat d'une guerre qu'ils ont provoquée pour leur propre destruction. »

Le journal de la Meurthe ne se trompait pas. Ney, Murat, Davoust, Berthier, l'Empereur, toutes ces troupes, grenadiers, fantassins, cavaliers, tous marchaient vers Austerlitz.

Devant de tels événements, qui pensera désormais aux Cardinaux.

Dans un coin du cimetière d'Épinal, personne ne viendra jamais s'incliner sur une tombe où pousse l'herbe des sépultures abandonnées. Ceux qui restent de leur famille ont quitté le pays pour se soustraire à la honte, à l'infamie.

Justice est faite.

L'affaire désormais est finie, bien finie.

Et cependant ?

VIII

ÉTAIENT-ILS INNOCENTS OU COUPABLES?

Étaient-ils innocents ou coupables, ceux qui sont morts, le 29 fructidor de l'an XIII, sur la place de Grève d'Épinal, à la veille d'Austerlitz ?

Cette question angoissante n'a-t-elle qu'un intérêt d'histoire ou de curiosité ? Ne peut-elle point aussi être un enseignement et une leçon. Précieuse étude pour ceux qui, dans leur redoutable mission de juger les autres, n'ont que les faibles et misérables moyens de la nature humaine.

Ces études sont aujourd'hui à la mode. De consciencieux chercheurs ont remis au jour les grandes affaires des siècles passés. Souvent, leur documentation est abondante. Presque toujours, ils disposent de copieux comptes rendus de presse ou de librairie, mais c'est déjà une déformation. Le plus souvent, il leur échappe le document le plus précieux, la base la plus sûre, je veux dire le dossier judiciaire. Par suite de circonstances diverses, ces dossiers ont disparu, ou ne se retrouvent plus que très incomplets. Les vieux dossiers de Paris ont été détruits par l'incendie du Palais de Justice, lors des événements de la Commune ; ailleurs, l'indifférence les a égarés, ou la manie de quelque collectionneur en a distrait les pièces essentielles. Les comptes rendus sont généralement tendancieux. Seul, le dossier peut faire revivre, dans les témoignages ou les interrogatoires, dans les procès-verbaux de constat et les expertises, la précision des charges qui accablent ou bien les raisons de douter.

J'ai eu la chance exceptionnelle de retrouver au greffe d'Épinal le dossier des Cardinaux absolument intact. Tout s'y trouve, depuis le rapport du juge de paix Thouvenel, le 23 ventôse de l'an XII, jusqu'au procès-verbal d'exécution, dressé, le 29 fructidor de l'année suivante, par l'huissier Chrétien.

Les cent vingt-neuf dépositions sont soigneusement consignées à la suite les unes des autres, dans un gros cahier relié. La plus insignifiante des pièces de forme a été soigneusement classée, même les citations à témoins et les taxes de frais, à côté des mandats d'arrestation ou de dépôt. Le dossier nous apprend que l'affaire des Cardinaux a coûté trois mille neuf cent quatre-vingt-quatre francs soixante-douze centimes, dont deux mille neuf cent quatre-vingt-sept francs seize pour les débats devant la Cour criminelle, et neuf cent quatre-vingt-dix-sept francs cinquante-six à l'information. Rien dans l'instruction ne peut échapper et les crimes de Vittel nous apparaissent aujourd'hui, tels que les magistrats d'autrefois ont pu les connaître à la veille de l'audience.

Les six accusés ont tout nié, nié avec énergie, nié avec obstination. Séparés dans leur prison, aucun n'a faibli. Tout fait penser, la tradition le dit, que devant la Cour criminelle, leur attitude fut la même.

A l'audience, pour la première fois, ils se trouvaient en présence des témoins accusateurs.

Au cours de la longue instruction, et ce n'est point sans surprendre et choquer nos habitudes modernes, aucune confrontation n'avait été faite. Était-ce réminiscence de l'ancienne procédure secrète et écrite, depuis si peu de temps disparue. C'est probable. Plus tard seulement sera employée la confrontation, un des moyens les plus efficaces d'arriver à la vérité.

En 1804, les Arnould n'avaient été mis en présence, ni de Michel Huraux, ni de Jeanne-Rose Emonet ou de Joseph Joux, ni de tant d'autres. Lacune singulière et troublante.

Les interrogatoires sont insuffisants, vagues, imprécis, presque inexistants.

Qu'est-ce à dire en face d'hommes d'expérience, tel Pommier, tel Perrin. Ils retracent un peu sèchement, mais avec beaucoup de netteté et de clarté, les dépositions des témoins. Ils bâclent les interrogatoires ; ils les noient sous d'insipides détails ; ils reculent devant la question essentielle, ou du moins ils la tournent sous une forme enveloppée et quelque peu enfantine. Ne comprenaient-ils pas que tout accusé a le droit de s'expliquer, de se justifier ou, tout au moins, d'essayer de prouver son innocence ?

Éprouvaient-ils quelque embarras à voir discuter cette acusation qu'ils échafaudaient avec tant de peine ? On en a presque l'impression.

Ce qu'il y a de certain, d'indéniable, c'est que l'instruction a été nettement faite à charge, pour employer le jargon du Palais, ce qui veut dire que de ce qui pouvait perdre les Cardinaux, rien n'a été négligé, que, par contre, tout ce qui pouvait faire naître un doute, établir peut-être l'innocence, a été laissé de côté avec le plus grand soin.

Sans doute, il échappe à la discussion un élément essentiel, la connaissance des débats oraux qui seuls donnent à une affaire sa physionomie véritable et complète.

Il n'est point impossible d'y suppléer. Dans le dossier, les accusations sont nettes, précises ; aucune hésitation, aucun doute dans l'esprit des témoins et dans les résumés de Perrin et de Pommier.

Admettons que ces accusations aient été à l'audience aussi accablantes, elles ne pouvaient l'être davantage. Admettons que Michel Huraux, que Briot fils, que les cent douze témoins du Ministère Public aient parlé avec l'accent persuasif de la vérité qui ressemble si souvent à celui du mensonge. Les dépositions, prenons-les dans toute leur rigueur. Ce qu'ont dit les accusés, laissons-le de côté avec les plaidoiries et les douze témoins à décharge.

Ignorons la défense.

Dans le dossier, à l'audience, n'entendons qu'une voix : celle de l'accusation.

Doit on n'écouter que celle-là ?

Quand j'ai commencé à lire le vieux dossier, j'ignorais tout de l'affaire des Cardinaux. De très lointains et vagues récits de jeunesse m'avaient laissé le souvenir d'horribles assassinats.

J'ai étudié le dossier avec le plus grand soin, comme si, demain, les six accusés devaient comparaître devant une Cour d'Assises à laquelle j'appartiendrais. Mon étonnement du début se changea vite en stupéfaction.

Pour tous ceux qui savent lire un dossier, il ne peut y avoir d'autre idée. Les Cardinaux sont morts innocents, victimes d'une épouvantable erreur judiciaire.

Je m'explique.

Dans tout le dossier, une seule charge qui, encore aujourd'hui, peut être considérée comme sérieuse. La voilà :

Y a-t-il eu des assassinats ?

Oui, car, le 15 mai 1794, Blaise Pierrot, ayant besoin de pierres pour réparer sa maison, en fit prendre dans la carrière communale vis-à-vis chez lui et chez les Arnould. Deux ouvriers, Dominique Alison et Pierre Voilmont, travaillèrent pendant quinze jours, puis ils rebouchèrent le trou qu'ils avaient creusé. C'est dans la terre qu'ils avaient rapportée que les squelettes ont été trouvés. Pas de doute possible, des cadavres ont été inhumés là depuis dix ans. Il est alors logique de penser que ces ossements sont ceux d'individus assassinés et enterrés clandestinement.

Assassinés et enterrés par qui? Par les Arnould.

Cette conclusion : culpabilité des Arnould, pourrait être discutée. Mais d'abord le point de départ, la base du raisonnement sont-ils exacts ? Les cadavres ont-ils été, à n'en pas douter, retrouvés dans la terre rapportée ?

Comment a-t-il été établi que les ossements se trouvaient dans l'ancienne carrière de Blaise Pierrot et non un peu à droite, un peu à gauche ou bien sur le côté. Oh ! d'une manière qui ne peut guère imposer une confiance sans réserves.

Le 19 ventôse, les premiers ossements sont mis à jour et les sinistres découvertes continuent jusqu'au vingt-trois. Chez ces villageois un peu frustes, dès le premier jour, la rumeur d'assassinats s'est répandue comme une traînée de poudre. Tout Vittel est allé voir la carrière, on a examiné les tristes débris ; les langues ont beaucoup tourné et dans l'imagination populaire, hommes et femmes n'ont eu d'autre idée que celle-là : assassinats, assassinats.

Tout de suite, les Arnould ont été mis en cause.

Cet état d'esprit est facilement explicable. Puisqu'il y a des cadavres, il faut bien qu'ils aient été apportés par quelqu'un. Les hypothèses, les suppositions vont leur train et, dans ces interminables conversations, quelqu'un, un homme, une femme, lance l'idée : mais la carrière de Blaise Pierrot, il y a dix ans, devait être là, à l'endroit où l'on vient de découvrir les ossements. Dans les imaginations surchauffées depuis quatre jours, cette idée s'impose, elle ne s'en ira plus, elle est devenue, et tout de suite, une certitude.

De cette surexcitation, le procès-verbal du juge de paix Thouvenel fournit la preuve évidente. Ce singulier transport de justice du 23 ventôse donne de toute l'affaire la physionomie la plus vivante et la plus vraie.

Thouvenel sent son importance, il est accompagné des notables du bourg, la foule le suit et cette foule lui crie ses impressions, sa conviction; elle lui jette en masse des renseignements, des idées. Et Thouvenel transcrit sans contrôle, convaincu déjà, lui aussi, convaincu au point qu'il ne recule guère à donner une allure judiciaire aux hypothèses les plus risquées et aux suppositions les plus invraisemblables.

On a vu des épines sur la carrière, elles ont pourri sur place depuis longtemps déjà et n'ont pas été remplacées. Peu importe. Sans doute, cela était fait, dit le juge, à dessein d'empêcher les chiens de découvrir les cadavres.

Mieux encore. Thouvenel ne se rappelle pas avoir vu aucune portion de côtes dans tous ces débris d'ossements. Ce sont néanmoins, pense-t-il, les os que l'on aurait dû trouver le plus fréquemment et, sans sourciller, il conclut : cela nous ferait présumer que les auteurs de ces meurtres auraient fait manger les cadavres par des chiens et que les os minces et tendres auraient été dévorés pour la plus grande partie avec les chairs.

Tout de suite après, il note que l'opinion publique est que les assassinats ont été commis sur des marchands de bœufs du Morvan. Toutes les grandes lignes de l'affaire se trouvent déjà dans le rapport Thouvenel. Elles ne varieront plus. Il me sera bien facile de montrer ce qu'elles valent.

Il est évidemment moins simple de prouver que l'enfouissement dans la carrière Blaise Pierrot est inexact. Il n'y a plus aujourd'hui de moyens de contrôle. Je puis dire seulement, et conclure, que cette idée est partie d'une foule énervée, excitée, qui fournissait des renseignements un peu en paquet. Ce fait essentiel n'a pas été vérifié sur le moment et il n'a pas, dès lors, le caractère d'authenticité et de sérieux que doit rechercher toute enquête impartiale.

Peu importe que plus tard, le 15 thermidor, Blaise Pierrot et ses deux ouvriers soient venus affirmer que les corps avaient bien été retrouvés dans la carrière qu'ils avaient creusée en 1794 et qu'ils avaient ensuite refermée.

15 thermidor, depuis cinq mois, on discute à Vittel. Il est d'une très élémentaire psychologie que des témoignages ainsi recueillis n'ont plus qu'une valeur bien mince.

15 thermidor, c'est l'époque de Michel Huraux, l'époque de Jeanne-Rose Emonet, le temps des racontars et des invraisemblances.

Je le répète, la seule charge sérieuse, la seule qui prouverait que des assassinats ont été commis, la seule qui puisse être retenue, c'est celle-là : les ossements ont été trouvés dans la carrière Blaise Pierrot, fermée voilà dix ans seulement. J'ai voulu seulement dire, en ces lignes, que cette indication primordiale, essentielle, avait été fournie dans une atmosphère bien surchauffée, au milieu d'hypothèses plus qu'aventurées, avec les épines pourries qui empêchaient de creuser la carrière, avec les chiens qui dévoraient les cadavres.

Je ne puis rapporter la preuve matérielle qu'elle est inexacte, je puis seulement conclure que son origine est suspecte et que Thouvenel, comme Pommier, comme Perrin l'ont acceptée un peu à la légère.

Alors, ce renseignement, que pèsera-t-il, que vaudra-t-il, quand il sera rapproché de toutes les autres données de l'instruction. Pour celles-là, cette fois, il n'y a pas d'hésitation.

Les juges d'instruction, les magistrats de la Cour criminelle, le jury, les avocats peut-être, y ont vu des charges. Ces données, examinées comme elles doivent l'être, avec une impartialité d'autant plus facile qu'elle n'a plus qu'un intérêt d'histoire et d'étude, il n'y a pas de doute. Le dossier crie ou plutôt hurle l'innocence des Cardinaux.

Rien de plus facile que de le prouver.

L'enfouissement dans la carrière refermée voilà dix ans, il est invraisemblable.

Toutes les charges de l'an XII, toutes sans exception, ou s'évanouissent ou prouvent, dans leur inconcevable exagération, l'innocence des Cardinaux.

Comment. Les Arnould commettent crimes sur crimes, assassinats sur assassinats, tout étranger qui pénètre dans la sinistre maison est voué d'avance à la mort.

Pour faire disparaître les cadavres, ils ne trouvent d'autre moyen que de les entasser les uns sur les autres vis-à-vis leur maison, en plein village, le long de la rue.

Admissible peut-être. Presque toujours le criminel commet quelque imprudence folle, ridicule, inexplicable. Il vient lui-même aider Sa Majesté le Hasard, Providence, a-t-on dit, des policiers et des hommes de guerre.

Cette fois l'imprudence folle ne dépasserait-elle pas les bornes ?

Cette carrière, mais c'est la carrière communale. Tout habitant a le droit de venir y chercher des pierres et la preuve, c'est qu'on la creuse, le 19 ventôse an XII, devant les Arnould, qui ne songent pas à l'empêcher et n'auraient pas d'ailleurs possibilité de le faire.

Peu importe que, jadis, la vieille Agnès ait conseillé à un voisin d'ouvrir sa carrière un peu plus loin. Elle savait, elle ne pouvait douter qu'un jour ou l'autre un habitant, ayant besoin de pierres, viendrait fouiller là et qu'elle ne pourrait l'arrêter.

Plus fort encore.

Ces criminels endurcis enfouissent leurs victimes avec si peu de précautions, avec une telle hâte, qu'aussitôt une odeur horrible empeste tout le pays. Les cadavres du dessus sont cependant à trois pieds sous terre, Thouvenel le dit. L'odeur « féticide et cadavéreuse » de l'acte d'accusation pouvait-elle s'exhaler ? Oui, puisque c'est une des charges principales.

Les Arnould l'ont sentie, cette odeur.

S'ils sont les assassins, les effroyables fossoyeurs, ils savent d'où elle vient. Au prochain assassinat, ils prendront mieux leurs précautions. Voilà du moins ce qui serait d'une élémentaire prudence. Et bien, pas du tout.

Cette odeur, ressentie en l'an II, continua à se répandre les trois années qui suivirent, en l'an III, en l'an IV, en l'an V, dit l'accusation.

Les Cardinaux continuaient, imperturbables, inconscients. Ils enterraient de moins en moins profondément ; la seconde rangée de cadavres n'est plus qu'à un pied sous terre.

Tout de même. Est-ce croyable ?

Il ne fallait pas énormément d'esprit critique pour se demander si, après tout, l'explication très simple, très naturelle de la mère Arnould n'était pas la bonne. L'odeur venait de la tannerie voisine et des peaux d'animaux. C'est ce qu'avaient d'ailleurs pensé sur le moment tous les habitants de Vittel ; ils le déclarent unanimement. Il a fallu la découverte des ossements pour les faire changer aussitôt d'avis.

Chacun connaît les émanations putrides des tanneries d'autrefois, surtout pendant les chaleurs. Elles rappellent, à n'en point douter, celles de corps en décomposition.

Attribuer aux Arnould une telle naïveté, un tel manque de précautions ou une pareille audace, n'était-ce point torturer par trop la vraisemblance ? Pour avoir vu là une charge, ne fallait-il pas que l'esprit public eût perdu toute mesure, que le sens critique des magistrats se fut singulièrement émoussé ?

Alors l'histoire de la terre rapportée est-elle bien vraie, est-elle bien exacte ? N'est-elle pas suspecte, elle aussi ?

Oh, ce n'est pas fini. Devant la thèse de l'accusation, les objections s'accumulent et elles se dressent si nombreuses, si pressantes, que j'éprouve quelque embarras à les mettre en ordre.

Dans la carrière, on trouve un crâne d'enfant, d'un enfant de quatorze ou quinze ans. Dans la maison de François Arnould, on découvre des ossements de femmes, le docteur Rambaud le dit.

Des femmes, des enfants, personne n'en a vu venir chez les Arnould. Pour tous, les victimes sont les marchands de bœufs. Ce crâne d'enfant, ces squelettes de femmes, d'où viennent-ils ? Qui songera à se le demander ?

Puis, l'état des squelettes. Les crânes sont dessoudés, ils tombent en morceaux, dès qu'on les touche. Les os longs sont brisés, ceux de la maison François Arnould sont comme cariés, dit le docteur Rambaud. Aux squelettes, il manque les os tendres, ceux des côtes. N'est-ce point que l'inhumation est déjà lointaine ?

Les quelques années qui ont passé auraient-elles déjà à ce point détruit les cadavres ?

N'y a-t-il pas dans cette constatation quelque chose de bien étrange ? Le docteur Rambaud ne le pensa pas et je ne le lui reprocherai point. Chirurgien en retraite de la marine, il entendait parler sans doute pour la première fois de médecine légale, cette science délicate qui, plus que toute autre, impose prudence et réserve. Il a au moins la conscience de dire que le plus scrupuleux examen ne lui permet pas de préciser l'époque à laquelle ces os ont été enfouis dans la terre, mais il ajoute que l'enfouissement doit dater de huit à neuf ans au plus, puisqu'on les a trouvés dans la terre de la carrière. Toujours le même point de départ qui, s'il n'est plus contrôlable, est tout au moins suspect.

Je ne m'attarderai certes pas à discuter les preuves vraiment par trop enfantines et cependant exposées longuement par l'acte d'accusation.

C'est le batardeau qui amène l'eau de pluie sur la carrière. Agnès Chassard a bien objecté que ce batardeau avait été installé, non par elle, mais par le voisin pour faire pourrir son fumier. C'était peut-être vrai, mais le voisin n'a jamais été interrogé et, imperturbablement, on a continué à reprocher aux Arnould d'avoir voulu ainsi hâter la décomposition des cadavres.

N'est-il pas cependant d'observation courante que les corps se conservent plus longtemps dans les terrains humides que dans les terres sèches. Ce n'était pas trop demander au chirurgien Rambaud, peut-être même à Pommier ou à Perrin, que de le savoir.

Les épines sur la carrière qui ont pourri sur

place. Bien puéril moyen d'empêcher les chiens de gratter ou les hommes de creuser.

Des épines très hautes et très élevées étaient placées devant les fenêtres de la maison Agnès Chassard et en empêchaient l'approche. Les volets de cette maison étaient fermés le jour comme la nuit. Ainsi s'exprime Delpierre en son exposé de faits.

Rendre ainsi inabordable une maison de village paraît une opération difficile. N'était-ce pas le meilleur moyen d'éveiller la curiosité et la méfiance ?

Les « usoires » de Lorraine ne sont pas des modèles d'ordre, ni surtout de propreté. Celui des Arnould était-il un peu plus encombré que les autres ? Je n'ai aucun moyen de le savoir et je fais d'autant moins de difficultés à l'admettre que ce point n'a pas d'autre importance.

Chacun reconnaîtra qu'entourer d'épines une maison pour y commettre plus à l'aise des assassinats et se préserver des regards indiscrets était vraiment une idée bien étrange.

Il est certain, enfin, que les fenêtres n'étaient pas toujours fermées de jour comme de nuit, puisqu'elles étaient ouvertes la nuit d'hiver où Michel Huraux a aperçu, par l'une d'elles, éclairée, un cadavre étendu et tous les Arnould, leur besogne accomplie, discutant autour. Peut-on parler de mystère et de précautions étranges et sans portée ?

Restons sérieux. J'ai hâte d'arriver aux points essentiels.

IX

LES MORTS RESSUSCITENT

Dès le premier jour, Thouvenel, ou plutôt la rumeur publique, a identifié les victimes. « L'opinion est, dit le juge, que ces assassinats ont été commis sur des marchands de bœufs du Morvan qui fait actuellement partie des départements de la Côte-d'Or et de la Nièvre. Ces particuliers venaient tous les ans à Vittel pour leur commerce et on ne les a plus revus depuis huit ans. Ce bruit s'est encore fortifié par le rapport du citoyen Moitessier, marchand de dentelles à Esley, qui a dit, lundi dernier, chez le sieur Saussard, à Vittel, qu'il se rappelle bien avoir beaucoup ouï parler dans le département de la Côte-d'Or, il y a huit à neuf ans, de plusieurs particuliers qui avaient disparu. C'est au bourg de Saulieu, précisera-t-il plus tard, qu'habitaient ces disparus. »

Les victimes sont des marchands de bœufs du Morvan, voilà encore un point acquis dès le premier jour, imposé par la foule ; c'est le juge Thouvenel qui l'écrit, inspiré par l'opinion publique surchauffée.

Dès ce premier jour, les victimes sont connues. Ce sont des marchands de bœufs. Cette idée, elle s'impose, elle ne sera plus discutée, elle ne sera même pas vérifiée.

C'est là, parmi les incohérences du dossier, la chose invraisemblable, déconcertante, monstrueuse.

Les cinq têtes des Cardinaux sont tombées sans qu'on ait su s'il y avait des victimes, sans qu'à aucun instant, pendant quinze mois d'instruction, et plus tard à l'audience de la Cour criminelle, on ait tenté la moindre recherche pour savoir quels étaient ces mystérieux cadavres.

A cela, personne n'a pensé.

Ce n'était pourtant pas les noms et les indications qui manquaient. Dès le début de l'information, les témoins ont apporté à Pommier d'utiles précisions.

Je transcris encore une fois les noms. C'est un certain Philippe, de Westhoffen près de Strasbourg, Compagnon, de Brion, près Châtillon-en-Bourgogne, Pierre qui habite Monthureux-les-Gray, dans une maison au pied de la côte. Tous ceux-là ont disparu et bien d'autres encore, sans parler des deux individus de Fontenoy, proche Bains, tout près de Vittel.

Il y a surtout les Didiot, de Saulieu, dont la mort apparaît plus certaine encore. Le citoyen Moitessier n'a-t-il pas, à Saulieu même, appris, il y a huit ou neuf ans, que trois marchands de bêtes à cornes de ce pays, fréquentant les foires des Vosges, avaient disparu.

N'étaient-ils point les victimes des Cardinaux ? L'instruction n'avait-elle pas un intérêt majeur à rechercher les circonstances, l'époque de leur disparition ? Quelle charge contre les Cardinaux, s'il était établi que les trois Didiot, ensemble ou séparément, n'étaient pas revenus d'un voyage à Vittel. Devant une telle constatation, nier eût été alors bien difficile.

Aucune recherche n'a été tentée, chose à peine croyable.

Ceux qui ont déjà raconté les crimes de Vittel s'en sont tirés par une explication très simple qui n'a qu'un défaut, c'est de ne rien prouver du tout.

La Révolution, disent-ils, avait amené une telle désorganisation dans les services de justice et de police que toute recherche était impossible.

Est-ce sérieux ?

Même sous la Terreur, la justice de droit commun fonctionnait. Nous ne sommes plus sous la Terreur, nous sommes en 1804 et en 1805, sous Bonaparte, Premier Consul, et sous Napoléon, Empereur.

Il y a un ministère de la police et un ministre qui n'est pas le premier venu, puisqu'il s'appelle Fouché. Si le futur duc d'Otrante s'occupait avant tout de police politique et ne devait prêter qu'une attention assez distraite à des crimes de village, il y avait des gendarmes, il y avait des procureurs impériaux. Ceux de Semur, de Châtillon-sur-Seine, de Gray auraient bien facilement retrouvé les Pierre, les Compagnon, les Didiot. Ils auraient su s'ils étaient morts ou s'ils étaient vivants. Le procureur de Bar-sur-Aube avait bien retrouvé et envoyé à Mirecourt un témoin insignifiant.

Ce qu'ont négligé les magistrats d'alors, je l'ai cherché.

Rien à tenter pour Philippe, Pierre, ou Compagnon ; ce sont des prénoms, des surnoms peut-être. L'indication est trop vague pour établir un état-civil et une identité. Pour les Didiot, c'est autre chose.

J'ai rencontré la plus aimable collaboration chez les Procureurs de la République de Neufchâteau et de Semur et je ne saurais trop les remercier. Avec une infinie bonne grâce, ils ont bien voulu s'intéresser à l'affaire des Cardinaux. Avec une minutieuse patience, ils ont fouillé les vieux registres de l'état-civil de leur arrondissement.

Grâce à eux, la lumière est complète. Ils ont ressuscité les morts de la carrière.

Les Didiot, dont la disparition inquiétait tant les gens de Vittel, les Didiot que chacun croyait enterrés dans la carrière, les trois Didiot vivaient très tranquillement dans le Morvan, sans se douter un seul instant que, pour venger leur mort, on jugeait et on exécutait cinq des Arnould.

Pour ceux qui aiment les précisions, et c'est nécessaire en matière judiciaire, en voici :

Quand, dès le début de l'instruction, il fut question des Didiot, on indiqua tout de suite que l'un d'eux s'était marié à Bulgnéville, tout près de Vittel, dans l'arrondissement de Neufchateau, avec une jeune fille du pays, mademoiselle Gérardin.

Le Procureur de la République de Neufchâteau a retrouvé l'acte de mariage de Clément Dédiot qui, le 21 fructidor an III, a épousé, à Bulgnéville, la demoiselle Marie-Thérèse-Antoinette Gérardin. L'acte donne tous les renseignements nécessaires pour retrouver les autres frères Dédiot, et notamment les noms de leurs parents.

Le nom exact n'était pas Didiot, mais Dédiot. L'erreur est de peu d'importance. Clément Dédiot, le marié de l'an III, avait 28 ans, il était né à Thoisy-la-Berchère, district de Semur (Côte-d'Or) et il y habitait.

C'est ce qu'avait dit Sébastien Arnould, mais personne ne l'avait pris au sérieux.

Son père s'appelait Jean Dédiot et sa mère Louise Maillard. Un de ses témoins était son frère, Claude Dédiot, négociant à Thil-la-Ville, paroise de Nansouty (actuellement Nan-sous-Thil).

Détail curieux, la future, la demoiselle Gérardin, était la fille du président du tribunal du district de Neufchateau. Une autre fille de ce président avait, un peu avant, le 1er floréal, épousé un gendarme de la brigade de Bulgnéville, et ce gendarme, Charles Beugnon, était lui aussi un des témoins du mariage.

Les trois disparus de Saulieu étaient les frères du marié de Bulgnéville.

Les noms de leurs père et mère étant connus, rien de plus simple que de savoir ce qu'ils sont devenus, mais à la condition essentielle d'avoir la patience et la méthode de mes collègues de Neufchâteau et de Semur.

Dans la région de Saulieu, il n'y avait alors qu'une famille Dédiot, celle qui nous occupe, elle compte encore aujourd'hui des descendants.

Clément, le marié de Bulgnéville, quitta le pays et n'y revint plus. Son acte de décès n'a pas été retrouvé. Peu importe, puisque celui-là n'a jamais été compté parmi les assassinés.

Restaient les trois autres, les voici.

L'aîné des frères s'appelait Jean-Baptiste. Il était né à Thoisy-la-Berchère, le 15 mai 1755, et il mourut à Saulieu, le 12 janvier 1806, quatre mois après l'exécution des Cardinaux à Épinal. L'acte de décès le qualifie de propriétaire.

Le second, Claude, était né à Thoisy, le 3 mai 1757 ; c'est celui-là qui servit de témoin au mariage de son frère à Bulgnéville. En 1793, il avait été gendarme à Vermenton (Yonne), ainsi qu'il résulte d'un autre acte de mariage où il était aussi témoin. Il mourut à Nan-sous-Thil, le 26 janvier 1814.

Enfin, le plus jeune était Bonaventure Dédiot, né à Thoisy, le 16 mai 1762, et décédé au même Thoisy, le 29 juin 1813.

Et voilà les trois disparus de Saulieu, Jean-Baptiste, Claude et Bonaventure Dédiot, les trois marchands de bêtes à cornes que le tout premier témoin entendu par Pommier, le 28 ventôse an XII, lui signalait.

François Rambaud, 55 ans, marchand à Vittel, donnait le nom des frères Didiot et précisait que les trois frères, tous marchands de bêtes à cornes, étaient venus chez lui à Vittel, trois fois dans la même année, il y avait environ sept ans, aux foires de mai, d'août et d'octobre.

Et il ajoutait, renseignement qui ne sera plus contesté : « depuis ils ont disparu sans qu'on ait pu savoir ce qu'ils étaient devenus ».

« Sans qu'on ait pu savoir ce qu'ils étaient devenus. »

Je viens de copier cette phrase textuellement. A elle seule, elle caractérise l'affaire, l'état d'esprit des habitants de Vittel, celui des magistrats, qu'ils soient Thouvenel ou Pommier, Perrin ou Delpierre. Elle passe les bornes de la vraisemblance et j'ajouterai de l'incohérence.

Si la moindre recherche avait été tentée, quel coup de théâtre. Tous les Dédiot auraient été immédiatement retrouvés, je viens de l'établir sans doute possible, retrouvés bien en vie et, évidemment, très surpris qu'on eût pu les croire morts un seul instant.

Ne peut-on légitimement supposer qu'il en aurait été de même des autres disparus, de Compagnon, de Pierre et certainement de ce Philippe, de Westhoffen, qu'on avait vu à Vittel trois semaines auparavant et qu'on supposait avoir été assassiné, sans qu'on sache trop pourquoi, sinon que, dans une carrière, on avait retrouvé des ossements brisés semblant avoir été mis en terre, il y avait pas mal d'années.

De l'accusation que serait-il resté ? Rien, de toute évidence.

Contre cette accusation, les invraisemblances, les contradictions s'accumulent, elles se dressent de plus en plus nombreuses et dans le dossier, pas un argument, pas le plus petit, pas le plus mince, ne vient, en quoi que ce soit, appuyer le point de départ, auquel il faut toujours revenir : des corps ont été enterrés dans la terre rapportée, donc il n'y a pas plus de dix ans.

C'est la foule qui l'a dit, comme elle a affirmé que des chiens avaient mangé les cadavres dépecés, comme elle a proclamé que les tristes restes de la carrière étaient ceux de pauvres marchands de bêtes à cornes qui venaient du Morvan commercer dans les Vosges.

Sans doute, objecteront peut-être certains, l'absence de recherches est une regrettable lacune. Il est possible que la mort des Dédiot, celle des autres marchands de bœufs aient été admises un peu à la légère, mais il pouvait s'agir d'autres individus, ceux-là inconnus et dont les traces n'auraient pu être retrouvées.

Hypothèse alors, et hypothèse pure, sans autre base que la croyance publique en la culpabilité des accusés. La justice ne condamne pas, on n'exécute pas sur des hypothèses ou sur les impressions de l'opinion publique.

Des recherches, continueront les convaincus, étaient-elles bien nécessaires ? Des témoins n'avaient-ils pas vu et vu de leurs yeux les Arnould commettre des crimes. Il y avait Michel Huraux, Rose Emonet, et ceux-là étaient précis. Il y avait

Briot le fils, il y avait Joux et Voirin, d'autres encore qui racontaient des choses bien troublantes.

Oh, tous ces témoins ne gênent guère ma discussion, bien au contraire.

Rien, mieux que leurs dépositions, n'éclaire l'affaire, n'en montre le vide.

Que ces gens-là aient été de faux témoins, qu'ils aient sciemment, en pleine conscience, apporté, pour perdre les Arnould, des accusations qu'ils savaient fausses ; peut-être pas.

En matière criminelle, le faux témoin conscient contre l'accusé est plutôt rare. Il se trouve parfois chez ceux qui ont un intérêt direct, matériel ou moral, à une condamnation et il n'est pas en général fort difficile de le reconnaître. Ses exagérations comme ses réticences le signalent aux esprits critiques les plus ordinaires.

Plus facile encore à découvrir est celui ou celle qui veut jouer un rôle dans une affaire retentissante. Il veut briller, se faire valoir, à son insu peut-être. On le trouve dans tous les grands procès criminels ; tous les juges d'instruction, tous les magistrats du Parquet le connaissent.

Innombrables par contre, ceux qui, croyant dire la vérité, la dénaturent outrageusement.

Ce n'est pas ici le lieu d'entreprendre l'étude de la psychologie du témoignage humain.

Question angoissante, déjà un peu rebattue, mais toujours neuve, toujours en tout cas d'actualité aux audiences de justice criminelle. Le premier devoir de ceux qui y prennent part est de passer au crible le plus sévère les témoignages qu'ils entendent, car tout témoignage est suspect du seul fait qu'il émane d'un être humain.

Que d'exemples classiques, douloureux souvent, de témoignages apportés avec l'accent de la vérité la plus sincère et qui cependant étaient faux, faux, archi-faux.

Dans chaque témoignage, il faut rechercher l'origine, étudier celui qui le donne, le rapprocher des autres dépositions, le confronter, en quelque sorte, avec les autres éléments d'une affaire et, si possible, avec les données matérielles, celles qui trompent le moins.

Cela fait, alors, mais alors seulement, on pourra penser que le témoin ne s'est pas trompé. Avant, on peut redouter qu'il cède à la faiblesse de la nature humaine, non pas toujours par perversion, mais par l'imperfection de son cerveau et de ses moyens d'observation.

Tout cela est connu, plus que connu, et ce qui

l'est davantage encore, c'est que sont surtout très suspects les témoignages des femmes et ceux des enfants :

Rien de plus faux que le vieux proverbe : la vérité sort de la bouche des enfants. Le vrai est que l'enfant ment comme il respire, c'est-à-dire sans s'en douter.

Il va de soi que là-dessus, je ne redoute aucune contradiction. Le fait est d'observation courante, il s'impose à tous ceux, magistrats, avocats et médecins, qui ont à s'occuper d'affaires où sont intéressés des enfants. De ces affaires, les annales judiciaires sont remplies.

La femme, avec ses nerfs et son imagination souvent maladive, n'est guère moins à craindre. Il en est de nombreuses, c'est évident, qui sont fort pondérées, très calmes et qu'on peut croire sans réserve. Mais, à côté, combien imaginent, interprètent, dénaturent, se sont persuadées elles-mêmes, avant de chercher à convaincre les autres. Et sous ce rapport, combien d'hommes, hélas, sont femmes.

Ce sont là des axiomes en matière de justice pénale.

Jeanne-Rose Emonet, c'est une femme, une fille déjà un peu sur le retour, elle va avoir trente-sept ans ; Michel Huraux est un enfant et, qui plus est, un enfant arriéré.

Tous deux racontent des crimes dont ils auraient été les témoins sept ou huit ans auparavant et dont jamais, au grand jamais, ils n'avaient parlé à personne. Ayant vu chacun de leur côté, ils s'étaient fait des confidences réciproques, sur une route, au hasard d'une rencontre ; ils avaient juré de se taire et depuis, ils n'avaient rien dit, rien dit à qui que ce soit.

Avaient-ils même oublié. On pourrait le penser. L'instruction s'ouvre en pluviôse (mars), les cadavres sont découverts, les Cardinaux sont arrêtés, d'innombrables témoins sont entendus, ils ne disent rien, rien. Les mois s'écoulent, ils se taisent encore.

C'est seulement le 7 messidor (fin juin), plus de trois mois après l'arrestation, que Michel Huraux, avec Jeanne-Rose Emonet, apparaissent, qu'ils font au juge Perrin des récits rocambolesques, incroyables, invraisemblables.

Jeanne-Rose Emonet, la vieille fille, chose étrange, aura disparu au moment du procès. Elle n'a pu être citée, disent les vieux papiers, car son domicile est inconnu. Qu'est-ce à dire ? Qui l'a poussée à quitter son pays ? Le remords, la crainte. Peut-être. Ou bien l'excitation de son esprit, l'incohérence d'une nature nerveuse et impulsive. C'est possible. Il est assez invraisemblable en tout cas qu'une dentellière de Vittel qui a vu tant de choses ne se retrouve plus au moment où ce qu'elle sait prend tout son intérêt.

Michel Huraux, c'est Diodiche.

C'est, dit la tradition rapportée par une plume sérieuse : « le chétif bancal et pied-bot, rebuté par tous ; c'est un pauvre idiot qui traverse la scène et, ironie des choses, devient la lumière de la justice. C'est grâce à lui que, le 29 fructidor an XIII, la vieille Chassard monte la dernière les marches de l'échafaud ruisselant du sang de ses fils ».

Je n'invente pas, je copie toujours.

Ailleurs, il est dit que le jeune Diodiche était bègue, presque sourd-muet. C'est complet.

Je pourrais m'arrêter là. Tous ceux qui ont la connaissance la plus superficielle, l'expérience la plus mince des affaires criminelles, me comprendront. Il n'est pas permis de prendre un seul instant au sérieux de tels témoignages.

Je ne referai pas une fois de plus le récit de Michel Huraux, qui a vu les Arnould groupés autour d'un cadavre étendu sur le pavé de leur cuisine. Je ne rappellerai pas davantage Jeanne-Rose Emonet et l'apparition mystérieuse d'un cadavre transporté par deux inconnus qui pourraient bien être les Arnould.

Les Cardinaux savent que Michel Huraux est dans l'écurie, et cependant ils laissent crier le voyageur qu'ils égorgent et ils s'assemblent autour du cadavre. Ils n'ont même pas pris l'élémentaire précaution de fermer la fenêtre. Mieux que cela, ils ont éclairé la cuisine. Tous ceux qui passeront apercevront la sinistre scène ; le cadavre étendu, les assassins discutant autour, parlant à voix basse.

Huraux, le pauvre d'esprit, a vu tout cela, sept ou huit ans auparavant.

Son imagination de dégénéré continue à travailler et, un mois après, il aura encore vu autre chose : François Arnould et une femme inconnue transporter un cadavre dans la rue.

Pourquoi n'a-t-il rien dit depuis sept ans ?

Pourquoi n'a-t-il rien dit le 7 messidor ? Pourquoi parle-t-il seulement le 14 thermidor ? La réponse est facile. Il a inventé la seconde histoire dans l'intervalle et, selon toute vraisemblance, c'est Jeanne-Rose Emonet qui la lui a soufflée.

Oh, inspirée, peut-être de bonne foi ; je ne repousse pas cette hypothèse. Cette fille voulait-elle tout simplement jouer un rôle dans un procès retentissant, obéissait-elle aux suggestions d'un cerveau malade ?

Ce qu'il y a de sûr, c'est que les deux promenades de cadavres se ressemblent singulièrement. C'est la même histoire avec quelques variantes.

Jeanne-Rose Emonet a d'abord raconté la sienne. Celle de Michel Huraux viendra quelques semaines après qu'il aura déclaré par deux fois à Perrin ne pas connaître autre chose que la scène de la cuisine.

En voilà assez, je ne relèverai pas à nouveau les contradictions, les rectifications, les incohérences de Michel Huraux et de la fille Emonet. Elles n'en valent pas la peine.

De telles hallucinations ne sont d'ailleurs pas rares, on en trouve à chaque pas quand on fouille les vieux dossiers.

Halluciné, est-il un mot qui convienne mieux à Étienne Villemin, celui qui a vu le dernier dimanche de carême de 1787, un homme ensanglanté, en chemise et les pieds nus, s'enfuir dans la nuit noire, en lui jetant quelques paroles terrifiées.

Quelle pouvait, de grâce, être l'état d'esprit de cet Étienne Villemin ?

Et celui du fils Briot, dont le père a vu, jadis, dans la cuisine de François Arnould, un panier plein de pieds et de mains coupés.

Un témoin, l'officier en retraite Moitessier, a eu beau dire que tout cela était inventé, l'acte d'accusation n'en rapporte pas moins longuement l'histoire Briot.

Comment des esprits sensés ont-ils pu y croire un seul instant ?

François Arnould, coupant les mains et les pieds de ses victimes, les plaçant avec soin dans un panier, mettant le panier au milieu de la cuisine et, cela fait, battant sa femme avec un tel fracas qu'il ameutait tout le quartier.

Vraiment, ce jour-là François Arnould aurait dépassé toutes les bornes. Vraiment, est-ce possible ?

Le récit Briot, je ne le rappelle que pour montrer jusqu'où peut aller l'imagination humaine, pour dégager aussi plus nettement l'atmosphère de l'instruction et des débats, l'état d'esprit qui a dominé la procédure. Cela seul peut expliquer l'erreur monstrueuse qui a été commise.

Cet état d'esprit, mais il se révèle dans presque toutes les dépositions. Il en est peu qui tiennent debout.

Quoi de plus caractéristique que le récit de Joseph Joux et de Michel Voirin, ces deux ivrognes qui couchent une nuit chez François Arnould, les poches, ou plutôt la ceinture bourrée d'or ? Ils ont bu toute la soirée, leur sommeil s'en est ressenti, et ils ont passé une nuit fort agitée. François Arnould savait qu'ils avaient sur eux des sommes importantes, il a dormi dans la même chambre et cependant le matin tous deux sont partis très tranquillement, la tête un peu lourde peut-être, mais sans qu'il leur soit rien arrivé.

Ils se rappellent maintenant que la femme François leur a dit de ne pas s'endormir si tôt. Ils ne tinrent d'ailleurs aucun compte de cette recommandation et tombèrent tout de suite dans un sommeil d'ivrognes. Peut-être un assassinat avait-il été comploté, peut-être la femme de François voulait-elle les sauver.

Joux et Voirin déposèrent devant la Cour d'Assises ; le jury les écouta, cette fois, avec une oreille indulgente, et il épargna l'échafaud à Thérèse Hattier. C'est un comble de naïveté. Ce n'est pas tout encore.

Le fait qui met le mieux en lumière la mentalité des magistrats et des témoins n'est-il pas la tentative d'assassinat reprochée à Thérèse Arnould et à Agnès Chassard sur la personne de Joseph Duvaux, leur mari et gendre ?

C'est à faire dresser les cheveux sur la tête.

Dès le début de l'instruction, la dame Joseph Dupont déclare que, quinze jours avant l'ouverture de la carrière, la femme Duvaux lui a fait des confidences. Elle lui a raconté au « couarail » que la veille, elle avait eu querelle avec son mari et que si les voisins n'étaient pas arrivés, elle et sa mère auraient étranglé le dit mari. Le surlendemain, le témoin avait vu Duvaux, lui avait bien recommandé d'être sur ses gardes, et celui-ci avait répondu : je le suis. C'est avec son mouchoir de col qu'on avait voulu l'étrangler, aussi ne faisait-il plus faire à son mouchoir qu'un seul tour de cou.

Par la suite, la vieille Agnès s'expliquera. Elle dira que son gendre lui a fait ce jour-là une violente scène, « qu'elle en a été excédée de coups et que, prise de peur, c'est elle qui est allée sur la porte appeler au secours ».

Ne voilà-t-il pas la vérité très simple, toute naturelle ? Que d'imagination ne fallait-il pas pour transformer cette banale querelle de ménage en une tragique tentative d'assassinat.

Tentative d'assassinat en plein jour, dans le village, au milieu des cris d'effroi et des appels au secours. Tentative d'assassinat ? Mais c'est la femme Duvaux qui, le lendemain, la raconte à une voisine, en se plaignant des violences de son mari ; c'est la mère qui va sur la porte appeler à l'aide tous les voisins.

Le plus fort peut-être, c'est que la prétendue victime, Joseph Duvaux, n'a jamais été entendue comme témoin pour préciser les circonstances dans lesquelles sa femme et sa belle-mère avaient voulu sa mort.

Lui donner la mort et pourquoi ? Pour le détrousser comme les cadavres de la carrière ? Invraisemblable. Pour se venger ? Et de quoi donc ? On l'ignore. Sa déposition n'a pas été reçue par le juge d'instruction, il n'a pas été entendu à la Cour d'Assises.

La femme Joseph Dupont, elle, l'a été. Elle a répété, avec quelque exagération sans doute, ce que Thérèse Arnould avait été la première à lui raconter. On s'est contenté de ce récit de seconde main. On a accepté sans sourciller cet invraisemblable racontar de village, rapporté en trois ou quatre lignes au dossier, et pourtant aux questions sur cette tentative d'assassinat, le jury, à l'unanimité, a répondu : oui. Pour les deux femmes, cette seule réponse suffisait : c'était la peine de mort, c'était l'exécution.

Invraisemblable aussi que Joseph Duvaux n'ait jamais été interrogé sur les assassinats des étrangers. Il était de ceux qui pouvaient, qui devaient savoir. Il vit dans l'intimité des Arnould ; il habite avec sa belle-mère. Si de multiples meurtres ont été commis dans la maison de la grande voie, il en a été le témoin, il les a tout au moins soupçonnés. Sa femme y a pris part, puisqu'elle est arrêtée. Comment aurait-elle pu tout dissimuler aux yeux de son mari ? Sur les assassinats, sur des faits insignifiants, l'instruction a entendu cent vingt-neuf témoins. Joseph Duvaux n'est pas de ceux-là. On ne lui a même pas demandé s'il savait quelque chose.

Une réflexion s'impose. Joseph Duvaux n'était-il pas né sous une singulière étoile ?

Si, quelques jours avant l'ouverture de la carrière, il n'avait pas eu l'heureuse chance de se battre avec sa femme et sa belle-mère, ne passait-il pas immédiatement de la catégorie victime à la bande assassins.

Il faisait partie de la famille Arnould. Tous vivaient très près les uns des autres. Tous ensemble, ils étaient coupables ou ils étaient tous innocents. S'il y a eu des crimes, Joseph Duvaux, comme les autres, y a pris part ou tout au moins, il les a connus, il les a facilités, ne fût-ce que par son silence. Il est ou auteur ou complice. Penser autrement serait contraire à toute logique. Sans cette providentielle scène de ménage, Michel Huraux ne l'aurait-il pas reconnu dans ceux qui entouraient le cadavre de la cuisine ? La femme y était, pourquoi le mari aurait-il été absent ? Ne se serait-il pas trouvé Jeanne-Rose Emonet ou une autre pour le voir, lui aussi, transporter des cadavres ?

Heureusement, il avait un ménage troublé et n'être pas un bon mari, voilà ce qui l'a sauvé.

Si la vertu est toujours récompensée, dit un proverbe qui, hélas, n'est pas infaillible, le vice l'est quelquefois. Ce fut le cas de Joseph Duvaux.

Après cela, après la tentative d'assassinat sur Joseph Duvaux, après la scène de la cuisine, après les promenades de cadavres, après les mains et les pieds coupés qu'a vus Jean-Claude Briot, après tant d'autres choses, on peut dire, et dire avec la logique et le bon sens, qu'un incroyable état d'esprit a dirigé l'affaire des Cardinaux.

On n'interroge pas la victime de cette étrange tentative d'assassinat et, sur le récit d'une voisine, sur ce rapport de la querelle classique entre gendre et belle-mère, deux femmes sont condamnées à mort. Pour en arriver là, il fallait, n'est-il pas vrai, que juges, jurés et public ne s'étonnassent plus de rien.

Et quand, aujourd'hui, les trois frères Dédiot ressuscitent, quand, à n'en point douter, les trois marchands de bœufs du Morvan vivaient très tranquillement dans leur village, alors que tombaient les têtes des Cardinaux, un doute resterait-il possible ?

Je l'ai dit. J'ai ouvert le dossier avec l'idée de faire le récit d'épouvantables crimes, dont le sanglant souvenir ne s'était pas effacé dans le pays des Vosges. En le fermant, on ne peut avoir qu'une mélancolique pensée. C'est que, le 29 fructidor an XIII, à l'heure de midi, sur la place de Grève à Épinal, pendant que toutes les cloches de la ville sonnaient le glas des agonisants, les bourreaux d'Épinal, de Nancy, de Metz et de Colmar ont mis à mort cinq innocents.

X

QUELS ÉTAIENT CES CADAVRES ?

Mais enfin, il y avait des squelettes dans la carrière. D'où venaient-ils donc ? Qui avait enterré ces morts ?

A cette question, est-il possible de donner une réponse ?

La solution de l'énigme, je l'ai cherchée dans le dossier lui-même. Celle que j'apporte ne peut être, bien entendu, qu'une hypothèse.

Est-elle vraisemblable ? Oui. Certes, plus en tout cas, que la supposition qui a proclamé que ces cadavres étaient ceux des frères Dédiot ou de marchands de bœufs inconnus que personne n'a ni découverts, ni cherchés.

Le dossier contient quelques éléments d'études, indications un peu vagues, mais qui ont cependant une précision suffisante. Ces éléments, on les trouve dans les constatations du procès-verbal initial, celui du juge de paix Thouvenel, et dans l'expertise médicale du chirurgien Rambaud.

Thouvenel et Rambaud donnent des ossements une description sommaire, mais assez complète pour qu'il soit permis d'en tirer des conclusions.

Thouvenel trouve six crânes, et ces crânes sont dessoudés, dissociés. Il s'explique très nettement sur l'état de la cinquième tête. Quelques coups de bêche, dit-il, nous font découvrir plusieurs os se touchant les uns les autres et figurant une cinquième tête, mais, en voulant l'enlever, nous les trouvons tous désunis.

C'est clair, les divers os du crâne s'étaient séparés en leur point de réunion. C'est ce que dit aussi le chirurgien en son court rapport.

Autre constatation à retenir, elle est de première importance. Dans la fosse, il n'y a plus d'os des côtes ; Thouvenel insiste, c'est ce qui lui fait penser que des chiens ont dévoré les cadavres.

Ce qu'il y a dans la carrière, Rambaud le dit aussi. Il ne lui a été présenté que des fémurs cassés, des cubitus et des radius fracturés dans leur partie moyenne et, outre les os de plusieurs têtes tout divisés, des débris de mâchoire inférieure.

Plus tard, Rambaud décrit les ossements trouvés dans la maison Richard. Ce sont : une extrémité inférieure de femme d'un jeune sujet, une vertèbre, une portion d'os maxillaire, deux portions de fémurs fracturés en long. Ces os, dit-il, étaient cariés et il ne sait à quelle époque ils ont pu être mis en terre.

En résumé, il n'y a, ni dans la carrière, ni dans la maison Richard, de squelettes complets. A côté des têtes et des débris de mâchoires, on ne trouve que les os longs des jambes et des bras et ces os sont brisés, fracturés. Ils sont comme cariés, pour reprendre l'expression de Rambaud.

Que tirer de ces constatations ?

Tout simplement qu'il se trouvait dans la carrière et peut-être, dans un certain rayon, tout autour, jusqu'à la maison Richard toute proche, un ancien cimetière, si reculé dans les années qu'à Vittel personne n'en avait entendu parler.

Voilà, je crois, la vérité.

Cette conclusion n'est pas la mienne seulement. Avant de la formuler, je me suis adressé à des spécialistes avertis, dont je n'ai pas à louer ici la haute compétence. Le docteur Pierre Parisot, professeur de médecine légale à l'université de Nancy, M. Georges Goury, un préhistorien très avisé, qui enseigne à la faculté des lettres l'histoire des anciens âges, m'ont apporté leur amical concours. Ils ont bien voulu étudier les renseignements techniques et leur avis a pleinement confirmé l'idée qui m'était venue et qui, seule, peut expliquer, dans la mesure où c'est possible aujourd'hui, la présence des ossements dans la carrière.

« L'état des ossements semble bien indiquer, m'a écrit le professeur Pierre Parisot, qu'il s'agit d'un cimetière ancien, peut-être très ancien. Par l'effet du temps, les os se fragmentent, ils se carient aussi, c'est-à-dire que certaines parties osseuses disparaissent. Les crânes se dissocient parfois assez vite, la durée est variable suivant certaines circonstances, mais le fait qu'à Vittel, tous étaient dissociés confirme l'origine lointaine du dépôt. »

Le professeur Pierre Parisot appuie par un exemple sa démonstration.

En avril 1895, quand, à Nancy, on perça la rue des Goncourt, à l'extrémité du faubourg Saint-Jean, des ouvriers mirent à jour de nombreux squelettes. Le bruit se répandit même immédiatement qu'on avait enterré là les morts de la bataille de Nancy, le 5 janvier 1477, le jour où était tombé Charles le Téméraire, l'orgueilleux duc de Bourgogne. Il n'en était rien ; la rumeur prouvait seulement une fois de plus, s'il en était besoin, la fertilité de l'imagination populaire.

En réalité, il s'agissait d'un ancien cimetière de l'époque mérovingienne et remontant, selon toute probabilité, à la fin du ve siècle ou au commencement du vi^{e}. Là aussi, par endroits, les cadavres avaient été inhumés par couches à des profondeurs différentes, variant de 0 m. 40 à 1 m. 50, tout comme à Vittel.

Le docteur Parisot a pu examiner ces ossements à son laboratoire de médecine légale. Les os étaient fragmentés, brisés, comme ceux de Vittel. C'est là un phénomène constant, ajoute-t-il, qu'il a pu observer à maintes reprises sur l'emplacement d'anciens cimetières et d'anciens couvents.

M. Georges Goury arrive aux mêmes conclusions et, sur certains points, il les précise.

Presque toujours, dit-il, dans les sépultures anciennes, les ossements sont brisés, mais plus fréquemment encore dans les tombes barbares que dans les tombes de l'époque gauloise. Très rarement, on rencontre les os des côtes, mais c'est encore dans les tombes de la période barbare qu'on en trouve le moins. Ce sont les os longs des jambes et des bras, ainsi que le bassin, qui subsistent surtout..

Cette description que fait M. Georges Goury, avec l'expérience de longues années d'études et de fouilles, avec les constatations faites dans d'innombrables sépultures, notamment dans plus de six cents tombes de l'époque barbare, cette description n'est-elle pas caractéristique ? C'est celle de la carrière de Vittel comme nous l'ont laissée et Thouvenel et Rambaud.

La nature de la terre a, bien entendu, son influence. En Champagne, le sol calcaire conserve relativement mieux. M. Goury note qu'à Ludres, non loin de Mirecourt, dont la terre se rapprocherait plus de celle de Vittel, dans de nombreuses tombes barbares, il ne subsistait que le crâne et les os longs.

Vittel, Ludres, ce sont les mêmes ossements, ce sont les mêmes qui ont disparu. Il serait un peu enfantin de faire observer qu'à Ludres il n'y a eu ni assassinats, ni condamnations.

Enfin, dernier détail curieux, M. Goury a remarqué maintes fois que les barbares enterraient volontiers leurs morts au-dessus des carrières. En a-t-il été ainsi à Vittel, c'est possible, mais aucune étude ne peut être faite sur les lieux, puisqu'aussi bien, aujourd'hui, personne n'a pu m'indiquer l'emplacement tout à fait exact de la carrière.

La conclusion, elle est claire.

En 1804, la seule raison de penser à des assassinats était la découverte d'ossements dans une carrière. Comme preuves de culpabilité à la charge des Arnould, en dehors de leur détestable réputation, il n'y a rien, rien, que les dépositions incohérentes de Michel Huraux et de Jeanne-Rose Emonet. Les autres témoins n'ont rien vu, ils interprètent et dénaturent de menues observations.

En 1804, la préhistoire n'existait pas. Les immortelles découvertes de Boucher de Crèvecœur de Perthes ne se sont révélées qu'à bien des années de là. Aux époques gauloises, barbares, mérovingiennes, à celles du moyen âge, qui s'intéressait à Vittel. Cette idée d'un cimetière très ancien n'est point venue à ceux qui avaient la charge de l'instruction et de la poursuite. Peut-on le leur reprocher. Les hommes traitent leurs affaires avec les idées de leur époque, les connaissances de leur temps.

Galilée a été condamné parce qu'il soutenait que la terre tournait sur elle-même et autour du soleil. A son époque, chacun croyait que c'était le soleil qui tournait autour de la terre.

Soyons modestes. Quand le monde aura marché, que pensera-t-il de nos actes ou de nos idées. Sans doute aucun, nos arrière-petits-enfants s'étonneront de ce que nous savions si peu de chose et les générations qui suivront les railleront à leur tour.

Restons plus équitables. Loin de moi la pensée d'accabler, sous de trop faciles reproches, Pommier, Perrin ou les témoins de Vittel. Ils ont cru à des assassinats, parce que de leur temps ils pouvaient y croire. Ni leur bonne foi, ni leur conscience ne peut être discutée.

L'hypothèse d'un ancien cimetière explique tout.

Très ancien cimetière, peut-être de l'époque barbare, s'il est permis de risquer une précision. Époque barbare, parce que la description de Thouvenel et de Rambaud se rapproche singulièrement des constatations faites par

M. Goury dans des centaines de tombes de cette période. Sépultures trouvées fréquemment dans des carrières, sépultures où n'existent plus que les crânes et les os longs, ceux-ci brisés comme à Vittel, sépultures d'où ont disparu les autres parties du squelette et en particulier les os des côtes. Très ancien cimetière, parce que dans la carrière on a trouvé un crâne d'enfant, non loin de là, des ossements de femmes. Des femmes, des enfants, on n'a jamais soupçonné les Arnould d'en avoir assassiné. S'il s'agit d'un cimetière, n'est-il pas naturel de trouver tous ces restes confondus ?

Cette supposition, conforme à la logique et à l'état actuel de nos connaissances, prend une singulière valeur si on la rapproche des autres charges du dossier et des dépositions des témoins.

Elle explique pourquoi on n'a pas trouvé de victimes, elle nous dit pourquoi les trois Dédiot n'étaient pas morts.

Elle éclaire ce point très important. Dans l'affaire, non seulement il n'y a point de victimes, mais il n'y a pas non plus de témoins. En dehors de Michel Huraux, de Jeanne-Rose Emonet, de Briot fils avec ses mains coupées, dont aucun esprit sérieux ne peut retenir les dépositions, personne n'a rien vu et cependant les assassinats ont été multiples et ils se sont continués pendant des années. On a remarqué des allées et venues d'étrangers. Ces marchands faisaient bombance avec les Cardinaux, ce qui est assez dans les habitudes des petits commerçants en bestiaux, puis on ne les revoyait plus. Quand la découverte des ossements a imposé l'idée des assassinats, l'opinion publique y a rattaché quelques constatations sans portée sérieuse, l'odeur de la tannerie, le batardeau, les épines sur la carrière et autour de la maison. C'est à peu près tout. Ces preuves sont d'un vide impressionnant.

Elles fortifient mon hypothèse, celle aussi du professeur Parisot et de M. Goury. Pour trouver la vérité, tout fait penser qu'il ne faut pas la chercher ailleurs.

Les Cardinaux étaient innocents, pour la raison très simple, qu'à Vittel, il n'y avait jamais eu d'assassinats.

XI

POURQUOI LES CARDINAUX SONT MORTS

Évidemment parce qu'on a cru qu'ils avaient assassiné les gens dont on a trouvé les restes dans la carrière. La Palice n'eut pas dit mieux. Ce n'est pas tout à fait cela que je veux dire.

Mais pour ceux qui aiment à méditer, à chercher des enseignements dans le passé pour mieux comprendre le présent, n'est-il point curieux de se demander pourquoi les Cardinaux sont morts. Quelles sont les causes profondes de leur condamnation ?

Les mobiles qui guident les actions humaines sont éternels. Nous les retrouverons demain comme en 1804.

Motif qui saute aux yeux. Tout Vittel a accusé les Arnould, parce que ceux-ci étaient d'assez tristes gens. Pour reprendre l'expression des témoins, c'étaient des coquins, hommes de rien et capables de tout crime. En faisant la part de l'exagération, il paraît certain que ces Arnould ne valaient pas grand'chose. Ivrognes, individus peu scrupuleux, roués en affaires, ayant le verbe haut et le coup de poing facile, il n'en fallait pas tant pour justifier la note apportée par tous : les prévenus ont la plus détestable réputation.

A cela, sans aucun doute, s'ajoutait un peu de jalousie. Elle perce dans le dossier. Les Arnould étaient partis de rien, ils avaient su bien mener leurs affaires. Deux d'entre eux tout au moins, François et Sébastien, ont amassé, sinon de la fortune, au moins quelque aisance. Ils ont fait des envieux, ce n'est pas douteux.

Ont-ils employé des procédés louches, c'est bien possible.

Quand on trouvera des squelettes, quand on pensera à des assassinats, Vittel regardera la maison Arnould, toute proche de la carrière, et tout de suite l'idée jaillira : Voilà enfin l'explication de cette fortune rapide.

Cette explication dirigera toute l'instruction, elle mènera les Cardinaux à l'échafaud.

Mais pourquoi.

Oh ! je n'ai rien trouvé de très neuf. Ce que j'écris est d'une banalité courante, si courante que je ferais peut-être bien de m'arrêter là.

Un sceptique a dit : tant que la justice sera rendue par des hommes, elle se trompera. C'est vrai ; la boutade est amère, mais juste.

Comme il est difficile d'appeler dans les tribunaux des anges ou de purs esprits, il est à craindre qu'il en soit longtemps ainsi.

Les pauvres humains que nous sommes ne peuvent-ils faire quelques progrès ? L'affaire des Cardinaux ne peut-elle justifier une toute petite amélioration ?

Ce qu'ils nous disent, les Cardinaux, dans leurs tombes oubliées du cimetière d'Épinal, c'est que les magistrats, d'abord et avant tout, ne doivent jamais écouter la voix de l'opinion publique.

La rumeur, le cri du peuple, voilà les grands coupables. Coupables, Thouvenel, Pommier, Perrin et les autres, de les avoir entendus et de n'avoir écouté qu'eux.

Il est bien clair qu'on doit la connaître l'opinion, mais à deux conditions ; d'abord se méfier, ensuite vérifier. Il est clair aussi que l'opinion a un rôle à jouer, c'est celui de contrôle. Le silence et l'ombre sont les pires ennemis de la justice qui se perdrait à vouloir se soustraire au jugement de l'opinion publique.

Mais souvent, trop souvent, cette opinion crée par avance l'ambiance. Au magistrat de s'y soustraire. Ce n'est pas toujours facile. L'opinion publique comme l'ambiance sont les causes profondes de nombreuses erreurs judiciaires. L'opinion publique ne doit jamais régner en maîtresse dans les enceintes de justice. Elle obscurcit les consciences, trouble le jugement des meilleurs, voile la vérité aux plus clairvoyants. Oh ! de la meilleure foi du monde. Comment échapper toujours aux idées du moment et aujourd'hui peut-être, moins encore que jadis, aujourd'hui que la puissance formidable de la presse crée les courants, les répand dans un flot tumultueux et irrésistible, s'adresse à tous et à chacun.

Le sens critique le plus averti ne risque-t-il pas de s'émousser, le cerveau le plus clair ne va-t-il pas chavirer ?

Les exemples se pressent dans ma mémoire, en foule, nombreux, convaincants. J'en pourrais trouver d'une actualité très vivante, non point dans de grands crimes, mais dans la pratique journalière des audiences et dans les affaires les plus simples. Il en est des exemples retentissants dans de très grandes affaires qui sont d'hier.

Je préfère chercher des souvenirs dans un passé plus lointain. Les passions sont éteintes, l'ambiance a disparu, la voix de l'opinion publique s'est tue ; il ne reste plus que celle de la logique et de la raison.

Je mets bien entendu à part les affaires politiques dans lesquelles il est presque naturel que l'opinion joue un rôle. Les procès politiques n'ont avec les affaires judiciaires qu'un rapport très lointain.

En stricte justice, la mort de Louis XVI, celle de Marie-Antoinette sont-elles explicables. Évidemment non. Encore bien moins l'exécution du duc d'Enghien. Et la condamnation du maréchal Ney par la chambre des pairs de Louis XVIII, celle des ministres de Charles X après la révolution de Juillet. Je n'aborde pas les temps plus modernes. Aussi bien la politique n'a pas grand'-chose à voir avec la vieille affaire de Vittel.

Pas davantage non plus avec le vieil exemple classique déjà cité de Galilée, frappé pour avoir enseigné que la terre tournait autour du soleil et n'était pas le centre immobile du monde. Galilée froissait en somme des idées considérées par tous comme des dogmes. Depuis, on en est revenu et personne ne proteste plus.

Juste à la même époque, il est un exemple bien curieux des erreurs humaines en matière de justice, des dangers d'une opinion publique devenue maîtresse, des dangers aussi d'adopter sans contrôle les idées reçues, alors qu'il n'est point impossible de s'y soustraire.

Rien ne le dit mieux que les procès de sorcellerie.

Une épidémie de sorcellerie sévit avec une effroyable intensité, à peu près dans toute l'Europe, dans les dernières années du XVIe siècle et les premières du XVIIe. Elle s'étendit aux pays protestants comme aux nations catholiques. La cause, c'est la croyance générale au diable. L'opinion, en ces temps, faisait du démon un être personnel à qui elle prêtait un immense pouvoir, dont il ne se servait que pour tourmenter les hommes et leur nuire. Elle voyait partout le diable dans les phénomènes naturels et dans les événements les plus fortuits.

A ce moment de l'histoire, cette croyance s'impose avec une particulière violence. On s'imagine que partout des hommes, des femmes surtout, étaient en rapport avec le diable et recevaient de lui des leçons. De là les procès de sorcellerie.

Les sorciers, et plus encore les sorcières, se rendaient au sabbat, à l'appel du diable, sur une lande déserte ou une clairière de la forêt. La satanique réunion avait lieu, d'après la croyance de Lorraine, le mercredi et le samedi. Les autres jours, pensait-on, le diable était occupé ailleurs. Les sorciers avaient été transportés là, à cheval sur un bouc ou plus simplement sur un balai. Au sabbat, les sorciers, frottés d'un onguent mystérieux, prenaient part à un repas d'où le sel était banni, puis, ils se donnaient au diable. Hommes et femmes dansaient une ronde échevelée, masqués et la tête retournée en arrière. Et Satan conduisait le bal, puisqu'aussi bien les diablotins, frappant des tibias sur des crânes, donnaient la mesure dans une musique infernale.

Revenus chez eux, les sorciers, qui ont appris à jeter des sorts aux humains, sur les animaux ou les récoltes, sont maintenant les agents du diable.

A la justice humaine de les punir.

C'est ce qu'elle fit, et sans pitié, pendant un demi-siècle. Innombrables furent les procès de sorcellerie. Par centaines, par milliers se comptèrent les condamnations et il n'y avait qu'une peine : la mort.

La remarque intéressante, c'est qu'on trouva des témoins qui avaient vu et vu de leurs yeux ces scènes diaboliques dans la nuit. Ils accusaient le sorcier, comme Michel Huraux et Jeanne-Rose Emonet ont accusé les Arnould. L'histoire est trop connue, les procès de sorcellerie ont été trop souvent racontés pour que j'insiste. Christian Pfister, dans sa magistrale histoire de Nancy, en a fait une saisissante évocation.

Le fait n'est pas douteux. Des témoins sans nombre ont vu la ronde sur la bruyère. Ils ont conduit au supplice tant de sorciers que la liste tout à fait exacte n'en a pu être dressée.

Parfois même, les accusés, les femmes surtout, avouaient qu'ils s'étaient donnés au diable. Avec un luxe incroyable de détails, ils racontaient des scènes sataniques, répétant, avec la plus parfaite bonne foi, ce qu'ils avaient entendu jadis dire autour d'eux. Cas d'auto-suggestion fort curieux, mais qui n'a rien d'inexplicable, ni de tout à fait exceptionnel.

Les magistrats, comme la foule, croyaient aux sorciers et à leurs crimes. Il n'est point permis de mettre un seul instant en doute leur bonne foi, pas plus que celle de Pommier ou de Thouvenel.

Si la crise de sorcellerie sévit dans toute l'Europe, c'est certainement en Lorraine qu'elle fut la plus violente. Cela, grâce à un ministère public plus ardent, plus convaincu de l'importance de son rôle, de la sainteté de sa mission.

Ce fut le fameux procureur général Nicolas Remy.

Nicolas Remy n'était pas un sot, ce n'était pas non plus un magistrat félon. Il envoyait les sorciers à la mort, parce qu'il croyait que là était son devoir et, pendant de très longues années, il ne se lassa pas. Jamais le doute, l'hésitation et le scrupule ne vinrent troubler son esprit. L'estime et la considération générales l'entouraient, la faveur des ducs alla vers lui.

Dans sa maison des champs, à Saint-Mard-sur-le-Mont, près de Bayon, il occupait ses loisirs à raconter les procès de sorcellerie en vers latins.

Il fit mieux pour nous instruire. En 1595, il publia à Lyon la Démonolatrie qui n'est autre chose qu'un traité sur la sorcellerie. Dans trois cent quatre-vingt-quatorze pages, il décrit, avec un scrupuleux souci de vérité, les crimes dont il demande la répression. C'est une lecture effrayante et effrayante surtout parce que la bonne foi éclate dans ces pages, parce que le procureur général de Lorraine était convaincu.

Nicolas Remy pensait, et il le disait, que son livre ferait passer son nom à la postérité. C'est vrai, le nom de Nicolas Remy n'est pas oublié, mais sa renommée est bien différente de celle qu'il croyait lui être réservée.

En son temps, la Démonolatrie eut un énorme succès, elle fut traduite en plusieurs langues et se répandit surtout en Allemagne dans des éditions successives.

Les jurisconsultes en font un éloge enthousiaste. Des théoriciens justifient les procès de sorcellerie, des magistrats étudient la question et rappellent leurs souvenirs. Jean Bodin, procureur du Roi à Laon, écrit le traité de la Démonomanie ; Pierre de Lancre, conseiller à Bordeaux, celui des démons, et Henri Boguet, juge à Saint-Claude, prononce le discours des sorciers.

L'opinion, l'ambiance ont gagné les magistrats eux-mêmes. Ils sont incapables de s'y soustraire. Ils frapperont, puniront, condamneront avec la plus féroce rigueur, parce qu'ils croiront devoir le faire et les condamnations s'ajouteront aux condamnations, les morts aux morts, jusqu'au jour où l'on s'apercevra qu'il n'y a pas de sabbat.

Je ne viens certes pas dire que les magistrats de 1804 aient eu des croyances aussi naïves que leurs prédécesseurs du XVe et du XVIe siècles, mais, dans l'un et l'autre cas, ne retrouve-t-on pas la même influence de la foule, la même force des idées reçues, la même absence de contrôle.

On a cru, dans les années 1600, que des femmes se donnaient au diable, on a cru au début du XIXe siècle que des assassinats avaient sûrement été commis près de la carrière de Vittel et que les marchands de bœufs du Morvan étaient morts sans contestation possible. On a cru, cela a suffi, et on n'a plus rien cherché.

Certains, j'en suis sûr, penseront que mon exemple de sorciers ne vaut pas grand'chose, qu'il touche de trop près au grand mystère de l'au-delà et pas assez aux choses de la terre, qu'ainsi il ne prouve rien du tout.

Certes oui, il est un peu spécial, et je suis allé

aux extrêmes dans une sorte de raisonnement par l'absurde. Mais ce raisonnement par l'absurde, je pourrais le pousser beaucoup plus loin encore.

Tout le monde connaît les procès intentés par la très ancienne justice aux animaux les plus divers, les condamnations à mort des vaches qui, d'un coup de corne, avaient blessé quelque personne, des chiens qui mordaient ou des porcs qui avaient commis quelque méfait.

Je n'aurais certainement pas rappelé ces vieilles choses à propos des Cardinaux, s'il ne venait de tomber sous mes yeux une décision vraiment stupéfiante, et stupéfiante surtout par la date à laquelle le jugement a été rendu.

L'affaire se passait devant Jean Miras, mayeur en la justice de Contrisson, alors Lorraine, aujourd'hui département de la Meuse, aux confins de la Champagne. Jean Miras est assisté de son collègue, Nicolas Mordillat, mayeur en la justice foncière dudit lieu. Maître Jacques Collinèt, substitut de M. le Procureur général du même Contrisson, présente requête en son nom et au nom des syndics et habitants. Il a fait donner assignation pour cette audience à quatre heures de relevée.

A l'appel de la cause, le substitut Collinet expose qu'il y a une quantité prodigieuse de souris qui sont répandues sur le finage du lieu. Elles ont causé un dommage considérable aux moissons dernières, et comme on est dans le temps des semailles de blé et de seigle, il faut prendre des mesures. Les prières et les processions publiques, qui ont été faites à leur sujet, sont restées sans effet. Au lieu de s'être diminuées, les souris se sont extrêmement augmentées.

Le substitut conclut qu'il plaise au tribunal : ordonner que les dites souris, faisant des dégâts par cy devant et par cy après, seront condamnées à se retirer, hors l'étendue des lieux et finages dudit lieu, dans les retraites où il plaira aux juges d'ordonner.

Les formes ont été respectées. Un avocat, évidemment désigné d'office, Maître Jean Griffon, prend la parole et il expose que les souris sont des animaux que Dieu peut avoir créés sur terre et qu'alors, nonobstant les dégats causés par elles, on ne peut point les détruire, ni leur ôter les aliments qui leur sont propres pour la conservation de leur vie. Et alors l'avocat demande qu'il leur soit indiqué un endroit où elles puissent se retirer et prendre la nourriture nécessaire tant qu'il plaira à Dieu de les laisser.

Maître Jean Griffon a en somme plaidé les circonstances atténuantes ; le substitut réplique qu'il ne voit pas d'inconvénient au cantonnement des souris, à condition qu'elles ne puissent plus nuire, ni préjudicier.

Là-dessus, les juges Miras et Mordillat ordonnent que, dans les trois jours de la signification de leur sentence, les dites souris se retireront et auront pour pasture et aliments les bois joignant le finage de Contrisson, ainsi que les rivières et les bords de celles-ci, sur une longueur de quatre pieds.

De toute évidence, le lecteur, qui aura eu la bienveillance de me lire jusqu'à ces pages, va hausser les épaules et penser — qu'écrivain peu sérieux — j'ai copié ce jugement dans quelque recueil des tribunaux comiques.

Ce lecteur sceptique se trompera grossièrement. La sentence de Contrisson est authentique et je n'ai fait que la résumer, en respectant scrupuleusement son sens et ses termes. Une expédition, certifiée par le greffier Chatel, figure aux archives du Ministère des Affaires étrangères et pour préciser, au fonds Lorraine — Mémoires et documents — registre 125, folio 70. Il est difficile, n'est-il pas vrai, de donner des références meilleures et plus sûres.

Le texte complet a paru récemment avec beaucoup d'autres semblables dans le *Pays Lorrain*, revue très sérieuse qui se publie à Nancy.

La seule chose que ne dit pas le vieux dossier est comment la sentence a bien pu être exécutée, comment, dans les trois jours de la signification, les souris ont quitté les champs et les prés de Contrisson pour se retirer dans les forêts et sur les bords des rivières.

Évidemment, il y a là une lacune.

Le même lecteur — toujours sceptique et je le comprends — se dira ensuite que ce jugement remonte, à n'en pas douter, à des temps très lointains, à des époques de barbarie, aux âges de la pierre polie et des cités lacustres.

Erreur encore. Le jugement de Contrisson a été rendu il y a moins de deux siècles, très exactement le 21 octobre 1733.

21 octobre 1733. C'était cinq siècles après Dante, deux siècles après Rabelais, cent ans après le Cid.

1733. Le grand mouvement du XVIIIe siècle était déjà commencé. Voltaire avait publié en

Angleterre les lettres philosophiques, Rousseau et Diderot avaient vingt ans.

1733. Mais c'était soixante-dix ans avant l'ouverture de la carrière de Vittel.

L'ambiance, toujours l'ambiance, voilà l'explication qui revient, impérieux *leitmotiv*.

Elle a dicté le jugement de Contrisson, elle a faussé, non seulement des arrêts de justice, mais bien d'autres décisions humaines.

En l'espèce, la seule bizarrerie est de trouver une telle ambiance en plein XVIIIe siècle.

Si j'ai conté l'histoire des sorciers, celle des souris, je n'étais cependant pas embarrassé pour trouver des affaires qui rappellent de plus près les crimes des Cardinaux.

Si d'aucuns peuvent encore penser qu'il est tout à fait invraisemblable que des témoins puissent venir raconter des scènes de meurtre et de carnage, alors qu'ils les ont rêvées ou inventées, tel Michel Huraux, telle Jeanne-Rose Emonet, que ces trop confiants dans la nature humaine sachent que le fait n'a rien d'exceptionnel.

J'en connais un autre exemple dans une affaire très curieuse et qui s'est passée aussi dans les Vosges. Un témoin avait vu, comme Michel Huraux, un cadavre étendu dans une cuisine et les assassins discutant autour. La même cour d'assises des Vosges a jugé ceux-ci. Elle n'a pas pris le témoin très au sérieux, mais d'autres éléments ont amené une condamnation.

Par certains côtés, c'est une histoire bien troublante, mais elle est trop récente pour que je veuille la raconter.

Je préfère des exemples plus anciens : ils sont d'ailleurs si nombreux que je n'ai que l'embarras du choix.

Il est une affaire célèbre qui, je crois bien, est le type de la grande tragédie judiciaire, celle qui se joue sur la chair vive et dans le sang.

Le nom de Fualdès n'est pas oublié, sa mort lui a valu la célébrité. Des chercheurs curieux se sont penchés sur le dossier pour lui arracher son secret. J.-J. Weiss a provoqué jadis quelque scandale lorsqu'il a écrit, rappelant Fualdès : « On dira ce qu'on voudra, c'est beau, un beau crime ». Ce beau crime, pour reprendre l'expression qui a fait scandale, n'est pas sans présenter quelque analogie avec l'affaire des Cardinaux.

Le meurtre de Fuaidès avait soulevé l'opinion publique, d'un coup elle régna en maîtresse et guida les magistrats.

A tout instant, on vit surgir des témoins qui avaient vu, vu à n'en pas douter, la scène d'assassinat. Tous ou presque tous se rétractèrent par la suite.

La culpabilité des assassins de Fualdès, ou du moins de ceux qui furent condamnés comme tels, a été longtemps et très âprement discutée. On a écrit beaucoup et on écrit toujours sur l'affaire Fualdès. De nouvelles recherches ont été faites pour percer le mystère. Des études très fouillées ont paru. Celles d'Armand Praviel et de Combes de Patris sont passionnantes.

Aujourd'hui, les partisans de l'innocence paraissent bien triompher ; ils ont trouvé à l'appui de leur thèse des arguments troublants.

En 1817, vivait à Rodez, capitale du Rouergue comme dit la complainte fameuse, un ancien magistrat : Joseph-Bernardin Fualdès.

Il a joué, jadis, un certain rôle politique. Pendant la Révolution, il a été administrateur du département de l'Aveyron. Surtout, il a fait partie comme juré du tribunal révolutionnaire et il a siégé dans l'affaire de Charlotte Corday comme dans celle du général Custine. Ensuite, il est entré dans la magistrature et il est devenu procureur impérial, dans son pays, à Rodez. Le gouvernement de Louis XVIII, dans la réforme de 1816, vient de l'admettre à la retraite.

A Rodez, l'estime générale l'entoure. On murmure cependant que Monsieur le procureur Fualdès est resté bien jeune pour son âge et qu'il a encore, à cinquante-six ans, beaucoup de prétentions.

Le soir du 19 mars 1817, Fualdès sortit de chez lui, sans dire à ses familiers où il allait. Le lendemain, au petit jour, on retrouva son cadavre dans l'Aveyron. La gorge était tranchée et un mouchoir noué autour du cou cachait l'horrible blessure.

Ce matin du 20 mars commença l'effroyable drame. Je ne puis en dire l'histoire, elle est longue, touffue et elle a bien des fois été contée.

La mort de Fualdès avait bouleversé Rodez et l'Aveyron. Tout de suite on l'expliqua ainsi :

Dans une maison louche de Rodez, rue des Hebdomadiers, dans la sinistre et désormais célèbre maison Bancal, Fualdès a été attiré. Étendu sur une table, ses assassins lui ont scié le cou, et, pour ne point laisser trace de leur crime, ils ont fait boire à un porc le sang qui s'écoulait dans un baquet. Pendant ce temps, deux joueurs de vielle, appostés dans la rue des Hebdomadiers, étouffaient, sous les notes aigres de leur criard instrument, les cris de la victime. Cela fait, les assassins, dans un long cortège, l'un tenant sous le bras un fusil renversé, transportaient le cadavre et le jetaient dans l'Aveyron.

Que Fualdès soit allé, le 19 mars au soir, dans une maison mal famée et y ait trouvé la mort, voilà sans doute la vérité ; elle est somme toute assez banale.

Là où le fantastique commence, c'est que l'opinion publique et derrière elle les magistrats imaginèrent un scénario très compliqué qui se termina par trois exécutions et d'autres condamnations fort sévères et fort nombreuses.

L'administration, le gouvernement intervinrent ; le préfet s'en mêla, le ministre de l'intérieur, le duc Decazes, s'intéressa à l'affaire Fualdès pour la diriger.

On y vit la politique et, tour à tour, les jacobins, les francs-maçons, les bonapartistes, les royalistes et les ultras y jouèrent un rôle. On imagina un vaste et sanglant complot ; on mêla toutes sortes de gens, les moins faits pour se connaître, les tenanciers de la maison Bancal, un ancien soldat du train Colard et sa maîtresse, un idiot de Rodez, Missonier, un portefaix, Bousquier, des individus quelconques, jusqu'au commissaire de police de Rodez, et on les réunit tous à ceux qui auraient été les chefs du complot ; des parents, des amis de Fualdès. C'était Bastide Grammont, un gros propriétaire, c'était Jansion, un agent de change ; ce furent, par la suite, d'autres encore, tous très considérés, ayant dans le pays d'honorables situations.

Pourquoi se seraient-ils tous groupés pour assassiner Fualdès, on se le demande aujourd'hui. Pourquoi Bastide, pourquoi Jansion, hommes intelligents et avisés, auraient-ils été choisir pour complices le rebut de la population aveyronnaise. Comment l'ont-ils attirée à eux, comment espéraient-ils en obtenir le secret et la discrétion.

A l'époque, on ne s'embarrassa pas de si peu de chose et l'accusation réunit dans la toute petite cuisine des Bancal une vingtaine de personnes autour du cadavre de Fualdès. Elle les réunit aussi en Cour d'Assises et jusqu'à l'échafaud.

Je ne puis entrer dans les détails qui sont d'un prodigieux intérêt. Ce que je veux dire seulement et en quelques mots, c'est que l'ambiance, l'opinion entraînant derrière elle magistrats et jurés, conduisirent à la mort et Bastide et Jansion.

Encore une fois, l'ambiance qui fausse le jugement et obscurcit la conscience.

Ici encore l'opinion publique surchauffée trouve ou fait des témoins qui ont vu des choses qui paraissent bien invraisemblables. En voici quelques-uns. D'abord la petite Magdeleine Bancal, l'enfant de la fort peu honorable maison où Fualdès aurait été assassiné.

Elle a 9 ans, l'âge de l'innocence.

Dès la découverte du cadavre, on l'interroge. Elle répond qu'elle ne sait rien. Mais bientôt, elle va parler. Son imagination a peut-être travaillé seule, elle a pu subir aussi des suggestions puissantes.

Elle va dire qu'elle sait tout. Elle racontera que, le soir du 19 mars, sa mère l'a envoyée se coucher avec ses trois frères, Jean, Alexis et Victor. Bientôt, poussée par un inexplicable pressentiment, elle s'est relevée et a pu se glisser sans être vue jusque dans la cuisine. La petite pièce était cependant pleine de monde. Cachée derrière un rideau, elle vit alors un abominable spectacle.

Un homme étendu sur la table supplie qu'on lui fasse grâce de la vie ou, tout au moins, qu'on le laisse se reconnaître avec Dieu. Les assassins lui refusent même de mourir en état de grâce. On lui coupe le cou et deux femmes reçoivent le sang dans un baquet de lessive.

Quand Magdeleine Bancal eut vu tout cela, elle remonta dans sa chambre, se coucha et s'endormit.

L'ambiance imposa Magdeleine Bancal, personne ne songea à mettre en doute ses révélations. Magdeleine Bancal n'est-ce point Diodiche, n'est-ce point Jeanne-Rose Emonet ?

Est-il vraisemblable que cette petite ait pu, sans être aperçue, se glisser dans la cuisine de Rodez au milieu des assassins réunis autour de leur victime. Moins croyable encore que Michel Huraux ait vu un mort étendu dans la cuisine de Vittel et Jeanne-Rose Emonet transporter un cadavre.

Il faut toujours y revenir. Pourquoi, pendant de longues années, ont-ils gardé le silence, ne confiant à personne leur horrible secret. D'une femme, d'un enfant est-ce admissible ?

Magdeleine Bancal, encore une fois de plus mis en doute le proverbe trompeur : la vérité sort de la bouche des enfants. Oui, peut-être dans quelques bons mots d'enfants terribles, qui racontent des histoires que leurs parents voudraient bien garder pour eux. Mais devant la justice ?

L'enfant ne fut pas la seule à accuser. La femme Bancal, voulant sauver sa tête, raconta tout ce qu'on voulut, le complot, l'égorgement de Fualdès. Un pâle complice, Bach, en fit autant.

A la fin du procès apparut un dénonciateur formidable, qui jusqu'alors s'était tu, c'était le jeune Théron. Celui-là avait vu passer le cortège des assassins, allant vers l'Aveyron, le cadavre porté sur des perches, Bastide Grammont, le fusil à la main, Jansion, avec un mouchoir blanc lui tombant sur les yeux.

Des témoins, il en sortait de partout, mais celui qui a dominé l'affaire, c'est madame Manzon. A côté d'elle, Jeanne-Rose Emonet manquait tout à fait d'imagination.

Résumer ce qu'a dit madame Manzon est tâche impossible. Dans les discours dont la sibylle de Cumes eût envié l'obscurité, elle laissait entendre qu'elle savait tout, et elle ne disait rien qu'on pût comprendre. Tous les assassins ne sont pas dans les fers, s'écria-t-elle un jour, et ce fut là sa grande révélation. Ces paroles mystérieuses firent frissonner le monde, suspendu aux lèvres de madame Manzon.

En dire davantage serait écrire à nouveau l'histoire de Fualdès.

Il n'est guère permis de douter aujourd'hui que madame Manzon était une grande hystérique et que son prétendu secret n'était que celui d'un cerveau détraqué. De secret, elle a avoué elle-même qu'elle n'en avait pas. Sur son lit de mort, elle a reconnu solennellement qu'elle avait menti.

Et il en fut ainsi de tours les autres accusateurs, la Bancal, Bach, Bousquier, Théron, celui qui avait vu le cortège. Tous, par la suite, déclarèrent qu'ils avaient accusé faussement.

Depuis de longues années déjà, les têtes des condamnés étaient tombées.

Si j'ai rappelé cette histoire, et il en est bien d'autres du même genre, c'est que trop de gens encore sont convaincus que les témoins sont infaillibles.

Parce que Michel Huraux et Jeanne-Rose Emonet ont parlé, il ne faut pas qu'on pense qu'ils ont sûrement dit la vérité. Hélas. Ils ne sont pas les seuls à avoir menti devant la justice, d'autres témoins à l'imagination vive apparaîtront encore dans ces pages.

XII

MAGISTRATS D'AUTREFOIS

A ces considérations générales qui expliquent l'erreur commise et la condamnation des Cardinaux, il faut, je crois bien, en ajouter une autre.

Un esprit, répressif à outrance, animait les magistrats de ce temps. La sensiblerie excessive, très à la mode aujourd'hui, n'était pas alors monnaie courante, et même l'indulgence ou la pitié n'avaient guère de place dans les prétoires de justice.

De vagues individualités importaient peu en face d'un châtiment qu'imposait la nécessité d'assurer le bon ordre social. Les troubles de la Révolution avaient assez peu agité le département des Vosges et la Lorraine, et cependant, là comme ailleurs, il fallait faire sentir la main de fer d'un gouvernement fort et redouté.

La Révolution à son début avait fait disparaître, avec les Parlements, l'ancienne procédure secrète et inquisitoriale. Elle avait ouvert les prétoires, établi l'audience publique, créé le jury et donné à l'accusé des garanties nouvelles.

Mais les magistrats, élus par le peuple, choisis pour la plupart parmi les avocats et les hommes d'affaires agréés auprès des Parlements, ne restaient pas moins dominés par les habitudes de leur jeunesse. Ils n'étaient pas très loin du temps où l'on reculait peu devant la pendaison. On pendait le domestique qui avait volé son maître, celui qui volait des bestiaux dans un parc, on pendait les banqueroutiers et les contrebandiers, on en pendait bien d'autres encore.

Devenus magistrats de l'empereur, ces hommes n'admettaient guère comme règle de conduite que la nécessité absolue d'une impitoyable répression.

Cet état d'esprit s'est maintenu fort longtemps. Plus tard, Napoléon composera ses tribunaux et ses cours en y appelant à la fois les magistrats élus de la Révolution et ceux des membres des anciens Parlements qui avaient survécu. Cet amalgame ne fera que fortifier l'idée de la répression qui se perpétuera à travers tous les régimes du XIXe siècle. C'est l'époque où tout président d'assises bornait son rôle à se faire l'auxiliaire du ministère public et considérait tout acquittement ou toute condamnation atténuée comme des échecs personnels.

Combien rare alors le président d'assises comprenant que la loi avait fait de lui l'arbitre impartial des débats et cherchant à tenir la balance égale entre l'accusation et la défense.

Ne pas découvrir, ne pas punir les auteurs des assassinats qu'on croyait avoir été commis à Vittel eût été pour tous un remords et une honte.

Oui, on frappait dur dans ce temps-là.

Je viens de parcourir le vieux registre dans lequel est transcrit l'arrêt de mort des Cardinaux. Il contient les arrêts de la Cour criminelle des Vosges du 15 vendémiaire an XIII au 20 frimaire an XIV (octobre 1804 à décembre 1805), et les débats de trente et une affaires.

Il ne rapporte pas moins de dix condamnations à mort, et dix condamnations aux fers, c'est-à-dire aux galères, sans compter les peines de prison et de détention.

Il ne faut pas croire que les faits qui ont motivé toutes ces poursuites soient d'une exceptionnelle gravité, qu'on en juge. Le 15 floréal comparaît devant le jury des Vosges un certain Jean-Baptiste Jacquel, charpentier à Badménil-aux-Bois. L'homme n'est plus tout jeune, il a cinquante ans, et il est accusé de bigamie.

Il y a longtemps déjà, le 26 janvier 1778, quand Jacquel avait 23 ans, il a épousé à Hadigny-les-Verrières une demoiselle Marguerite Rollin qui lui a donné plusieurs enfants. Le ménage s'est fixé par la suite à Lunéville et, là, les choses se sont gâtées.

Jacquel et sa femme ne s'entendaient plus du tout et, quand les lois créèrent le divorce, ils tombèrent d'accord pour se séparer. Comme ils ne comprenaient pas grand'chose à toutes ces nouveautés, ils convinrent, toujours en parfait accord, d'aller demander conseil au juge de paix de Lunéville. Ce digne magistrat se perdait sans doute quelque peu, lui aussi, dans le flot des lois nouvelles. Il répondit : rien de plus simple, et, incontinent, il dressa un procès verbal constatant que Jacquel et sa femme étaient décidés à se séparer sans plus de formalités. Le juge signa, les époux aussi, et le charpentier Jacquel s'en alla, parfaitement convaincu qu'il était libre de se remarier quand il le voudrait.

C'est ce qu'il fit le 10 pluviôse an XII, en épousant à Badménil la veuve Guidot, née Élisabeth Maré.

Tous ces détails sont rigoureusement exacts, c'est l'acte d'accusation lui-même qui les donne. L'infortuné Jean-Baptiste Jacquel n'en allait pas moins connaître toutes les sévérités des lois.

Le jury le déclara coupable et, sans sourciller, la Cour le condamna en douze ans de fers, transformés automatiquement en une peine de galères d'égale durée.

Aujourd'hui on regarde peut-être le bigame avec un sourire trop indulgent, trop de gens ne voient en lui qu'un homme à bonnes fortunes. Mais tout de même, douze années de galères pour avoir consulté un juge de paix peu au courant de son métier, c'est beaucoup.

Le 15 fructidor, comparaissait à son tour Pierre-François, vigneron à Fouchécourt. Celui-là est poursuivi pour vol.

Le 20 floréal, il a été trouvé sur la route, porteur d'un sac dans lequel il y avait un coq et trois poules. Il fut vite établi que ce coq et ces poules avaient été volés la nuit même dans un poulailler du village. Pour ce faire, Pierre a arraché la serrure de la porte. C'était une effraction, ce sont les assises.

Pierre, qui a 58 ans, est condamné pour le vol de ces quatre volailles, à quatorze ans de galères.

Douze ans pour bigamie, quatorze ans pour vol avec effraction commis de nuit, c'était un tarif fixe que le juge ne pouvait réduire.

Sous l'ancien régime, les peines étaient à peu près laissées à l'arbitraire du magistrat, sans que la loi intervînt pour en fixer la durée.

Par réaction, les lois révolutionnaires avaient institué le système des peines fixes, invariables, quels que soient les circonstances du crime ou les motifs d'indulgence que pouvait invoquer son auteur.

Pas de circonstances atténuantes, pas de diminution possible.

Inutile de dire, chacun le sait, que nos codes ont créé un minimum et un maximum et les circonstances atténuantes auxquelles il est fait parfois un appel trop fréquent.

En l'an XIII, le bigame et le voleur de poules ne pouvaient avoir ni plus ni moins que douze ans de galères et quatorze ans de fers.

La déclaration du jury liait la Cour.

Mais cette déclaration de culpabilité, la loi l'avait entourée au profit de l'accusé de garanties que nous ne connaissons plus.

Aujourd'hui, coupable est celui que la simple majorité a reconnu comme tel. Sept voix contre cinq, c'est la condamnation.

En l'an XIII, la loi demandait d'abord au jury de se prononcer à l'unanimité sur la culpabilité ou l'innocence. Si les douze jurés ne parvenaient pas à tomber d'accord, le code des délits et des peines les laissait vingt-quatre heures dans la salle de leurs délibérations. Un jour et une nuit pour réfléchir, avec interdiction absolue de sortir de la salle et d'avoir avec l'extérieur la moindre communication.

Les vingt-quatre heures écoulées, si l'unanimité ne s'était pas réalisée, tout espoir d'accord était perdu. Il fallait en finir. Il intervenait alors un système de vote assez compliqué.

Un juge, délégué par le président, se rendait dans la salle des jurés, accompagné du procureur général. Chaque juré se présentait successivement devant les magistrats et affirmait sa décision. Puis, il déposait dans une urne, soit une boule noire qui condamnait, soit une boule blanche qui acquittait. Pour une condamnation, il fallait au moins dix voix sur douze ; trois boules blanches, c'était l'acquittement.

En exigeant pour une condamnation une majorité aussi forte, la loi ne pouvait donner à l'accusé de garanties plus sérieuses.

En fait, le vote par boules était exceptionnel. Les jurés statuaient à peu près toujours à l'unanimité. Effrayés sans doute par la perspective d'un séjour prolongé et déprimant dans une salle peu confortable, les opposants faiblissaient vite et pour se libérer se ralliaient sans trop de peine à la majorité de leurs collègues.

Le verdict contre les Cardinaux a été rendu à l'unanimité. Le vote par boules blanches ou noires sur les deux cent cinquante-sept questions qui avaient été posées aurait sans doute duré et des jours et des jours. Il ne fut pas nécessaire d'y avoir recours.

Sur les trente et une affaires rapportées dans le registre de l'an XIII, une seule fait exception et, à en lire le récit, on comprend l'hésitation des jurés.

Il s'agissait d'un crime abominable. Laurent Laurent, âgé de 70 ans, menuisier à Épinal, demeurait dans la maison des époux Urbain. Ceux-ci avaient une fillette, la petite Catherine, âgée de six ans. Un matin, vers sept heures, l'enfant dormait dans son petit lit. Le vieux Laurent entra dans la chambre, une hache à la main et, d'un coup, fendit la tête de la petite fille, puis, s'acharnant sur le pauvre petit corps, avec une férocité sans nom, il le hacha littéralement.

Au bruit, les parents, les voisins accoururent. On s'empara de Laurent, couvert d'un sang qu'il s'efforçait d'essuyer.

Il était comme hébété et tout tremblant et ne put prononcer aucune parole.

Devant la Cour criminelle, il répondit qu'il ne se souvenait de rien et, qu'au surplus, depuis plusieurs années, il avait l'esprit égaré. Aucun médecin n'examina Laurent.

A cet atroce assassinat, il n'y avait ni mobile, ni explication. A lire l'acte d'accusation, il n'y a guère de doute, c'est le crime d'un sadique, le crime d'un aliéné et si épouvantable que soit le forfait, précisément peut-être parce qu'il est sans excuse, la place de Laurent serait aujourd'hui dans un asile d'aliénés.

C'est ce que pensèrent certains des jurés de 1805, puisque le jury resta vingt-quatre heures dans sa salle, sans pouvoir réunir l'unanimité nécessaire.

Quand le jour se fut écoulé, on procéda au vote par boules. Dix voix sur douze condamnèrent Laurent à la peine de mort. Le verdict des hommes ne fut pas exécuté. A quelques jours de là, Laurent mourut dans sa prison, avant que la Cour de Cassation n'eût statué sur son pourvoi.

La justice, certes, n'y a rien perdu.

Les crimes graves étaient fréquents dans les Vosges à cette époque-là. Le 18 thermidor, dans la nuit, quatre individus, que l'acte d'accusation qualifie à très juste titre de quatre brigands, s'étaient introduits en franchissant la fenêtre, dans la maison d'une dame Pommier, vieille rentière riche et avare de Vicherey (arrondissement de Neufchâteau).

Ils avaient ligoté la vieille femme et, après l'avoir rouée de coups, l'avaient étranglée. Sous menaces de mort, ils avaient forcé les deux servantes terrorisées à leur dire où madame Pommier cachait son argent.

On arrêta deux individus, l'un, Salomon Binn, que la procédure qualifie à la fois de juif et de boucher, l'autre, Nicolas Thiéry, qu'une des servantes reconnut sans hésitation comme étant l'un des quatre brigands. Elle était sûre, disait-elle, de ne pas se tromper, car elle avait vu Thiéry plusieurs fois à Nancy, quand il conduisait le tombereau de l'exécuteur des arrêts criminels. En d'autres termes, Nicolas Thiéry n'était autre que l'aide du bourreau de la Meurthe et c'est pourquoi il était curieux de rappeler cette affaire.

Les deux accusés furent condamnés à mort, ce qui semble, au surplus, mille fois justifié.

Que devinrent le bigame aux douze ans de galères et le voleur de poules aux quatorze années de fer ?

Bénéficièrent-ils un jour de la clémence impériale ? On ne sait, mais c'est peu probable. La grâce et l'amnistie n'étaient pas beaucoup dans les habitudes de l'époque. On a un peu trop changé depuis. On réservait alors la grâce à des cas qui en valaient vraiment la peine, à celui-ci par exemple :

Le 19 thermidor, jour de la condamnation des Cardinaux, les journaux publiaient ce communiqué suggestif et qui est bien dans la note de l'époque.

« On mande de Rouen que Sa Majesté Impériale a accordé la grâce de François Boitant, condamné à mort pour vol de pain et d'un peu de farine, avec effraction dans une maison rurale.

Aussitôt tous ceux qui étaient présents à la séance où on a lu les lettres de grâce ont fait une collecte et l'humanité a pu se réjouir encore une fois au spectacle touchant de la sensibilité essayant de sécher les larmes du malheur. »

Condamnation à mort pour vol de pain et d'un peu de farine dans une maison rurale. On comprend très bien les larmes de ce malheureux François Boitant et l'humanité se réjouissant quand elle a vu la sensibilité essayant de les sécher. Qu'eût pensé de tout cela le président Magnaud, le bon juge de Château-Thierry ?

La sévérité excessive de jadis ne s'est-elle pas aujourd'hui changée en une sensiblerie tout aussi outrée ?

On pourrait parfois le penser, et il y a des limites qu'il n'est pas permis de franchir.

Nous ne voyons pas encore luire l'aurore d'un jour où la vertu seule règnera sur la terre.

La crainte du gendarme sera toujours le commencement de la sagesse. Il ne faut pas que ce gendarme soit « sans pitié », il ne doit pas devenir non plus « trop bon enfant ». En toutes choses, le mieux est toujours de garder la mesure. C'est quelquefois bien difficile.

XIII

LA LITTÉRATURE DES CARDINAUX

L'affaire Fualdès eut dans son temps un énorme retentissement. Elle passionna la France, l'Europe entière, presque tout le monde civilisé. Madame Manzon était célèbre, disait-elle, de Madrid au Kamtchatka.

La complainte de Fualdès, que certains attribuèrent à Berryer, eut un immense succès et, aujourd'hui encore, que de gens connaissent le nom de Fualdès, sans trop savoir d'ailleurs s'il s'agit d'un grand homme, de l'assassin ou bien de la victime.

Aux débats, pour la première fois, parut un pouvoir nouveau qui a fait son chemin dans le monde judiciaire : la presse. Les principaux journaux étaient représentés à Rodez. Les comptes rendus furent copieux, innombrables ; on se les arrachait. L'image a conservé le souvenir des principaux personnages.

Il n'en fut pas de même des Cardinaux. Leur sanglante célébrité est restée toute locale. Leurs crimes firent frissonner la région de l'Est. Des récits, en passant de bouche en bouche, s'amplifièrent, s'ornèrent de détails sans cesse nouveaux et tournèrent vite à la légende. C'est celle-là qui subsiste encore dans la plaine vosgienne. Mais ce souvenir est demeuré très vivant. Dans la région de Vittel, on n'a pas oublié les crimes des Arnould et leur nom même est abhorré. Il l'est au point que, voilà une vingtaine d'années, plus de cent ans après l'ouverture de la carrière, une jeune fille de ce pays refusa obstinément un parti avantageux qui s'offrait à elle. La raison qu'elle donna est caractéristique. Le prétendant s'appelait Arnould et, bien qu'il n'eût aucun lien de parenté avec les « hommes rouges », elle ne voulait pas porter un tel nom.

Après cela, je crois, il faut tirer l'échelle, qu'on me passe cette expression vulgaire. Si l'anecdote ne m'était pas certifiée par un ami très sûr, j'en douterais un peu. Mais il n'y a pas d'erreur possible, le fait est exact, si extraordinaire qu'il paraisse.

Il dit bien que vers Mirecourt et Vittel personne ne doute de la culpabilité des Cardinaux. Je n'ai certes pas la pensée d'ébranler cette conviction profonde. Elle s'est transmise à travers trop de générations pour ne pas être devenue indestructible. La légende vient des ancêtres, elle est sacrée, et il n'est point permis d'y toucher. Elle a, somme toute, cette conviction, une origine respectable : l'autorité qui s'attache à la chose jugée, le respect du verdict du jury et de l'arrêt de la Cour.

L'opinion d'aujourd'hui, je serais mal venu à la critiquer ou à la railler. Je s'y songe guère. Ne peut-on dire à Vittel : Magistrats et jurés avaient, en 1805, la même conscience, les mêmes scrupules, la même impartialité que ceux d'aujourd'hui. Ils ont jugé, chacun doit s'incliner devant leur décision.

C'est parfaitement exact. Mais si ceux d'aujourd'hui se trompent parfois, pourquoi ceux de jadis auraient-ils été infaillibles ?

S'ils ont été entraînés à une erreur, inconsciemment, je le proclame tout le premier, il n'est pas sacrilège de chercher aujourd'hui s'ils se sont trompés, et pourquoi.

Les erreurs judiciaires sont certes rares, mais,

à les cacher ou à les nier, l'idée de justice y gagnerait-elle beaucoup. La politique de l'autruche n'est jamais la meilleure.

L'homme est faillible, banalité à redire encore une fois. Chercher pourquoi et comment il s'est trompé, n'est-ce pas peut-être éviter pour l'avenir de nouvelles erreurs dont la justice est la première à souffrir.

Le public, et c'est compréhensible, ne connaît pas la véritable histoire des Cardinaux. Le dossier, enfoui dans un greffe, a été rarement ouvert et seuls ont survécu les récits des veillées du soir que les mères ont transmis à leurs enfants.

Les forfaits des Arnould se sont aussi perpétués de manière assez originale.

Sur les foires et marchés de Lorraine se déroulait jadis un singulier spectacle. Je l'ai suivi souvent dans mon enfance et, je puis l'avouer, je n'étais rassuré qu'à moitié. Un homme et une femme déroulaient un grand panneau de toile cirée. Ils exhibaient, en une douzaine de tableaux grossièrement représentés, les péripéties sanglantes de quelque horrible crime. Le dernier était toujours celui de l'échafaud. L'homme, d'une voix tragique, avec des trémolos, racontait la sombre histoire, et, avant la quête d'usage, le spectacle se terminait par une complainte larmoyante, plus ou moins imitée de celle de Fualdès.

Les crimes des Arnould ont fait le tour des marchés de l'Est. Aujourd'hui le dernier bateleur est mort, tué par le cinéma, les enfants ne frémissent plus aux crimes de Vittel.

Les Cardinaux ont eu leur complainte qui se chante, bien entendu, sur l'air de Fualdès. L'auteur a conservé l'anonymat et sa renommée littéraire n'y a rien perdu. Il a signé modestement son œuvre : « Un buveur d'eau ».

Chacun connaît les sources de Vittel et je ne veux point leur faire de réclame, elles n'en ont pas besoin. Les goutteux, les rhumatisants, ceux qui souffrent de la gravelle ou de la pierre et de bien d'autres maux qui accablent la pauvre humanité y trouvent un soulagement. L'auteur de la complainte n'y a pas rencontré l'inspiration poétique que tant d'autres ont cherchée dans les bons vins de France.

Quelques couplets suffisent, et au delà, à donner une idée de cette contrefaçon de Fualdès.

La complainte débute :

Écoutez, gens de Lorraine,
De la montagne et de la plaine,
Les sanguinaires forfaits
Qui à Vittel furent faits,
Par des hommes sans douceur,
Sans épiderme et sans cœur.

Les Cardinaux, c'étaient des gens
Qu'étaient remplis d'entregent
Pour acheter du bétail
A crédit sur le foirail,
Et payer les pauvres marchands
En faisant couler leur sang.

Et cela continue ainsi dans trente et un couplets. C'est un peu long.

Les scènes d'assassinats elles-mêmes manquent vraiment de souffle. « L'innocent marchand de bœufs » s'endort tranquillement « comme une poule sur ses œufs ».

Alors brandissant sa hache,
Joseph, qu'était un grand lâche,
Profitait de son repos
Pour lui couper le goulot ;
Le sang à flots s'épanchait,
Thérèse le recueillait.

On voit enfin poindre le châtiment et apparaître Michel Huraux, dit Diodiche, le témoin providentiel.

Et dans le cas particulier,
Personne ne peut le nier,
L'œil de la magistrature
Fut dans la cervelle obscure
D'un pauvre enfant idiot,
Chétif, bancal et pied bot.

Puis Diodiche parle, il dort sur le foin et il voit :

C'est ainsi que pendant la nuit,
Il entendit un très grand bruit,
Et il vit, non sans terreur,
Assassiner avec fureur
Un homme qu'était pas content
Qu'on l'tuât si brutalement.

Restons sur ces deux vers, un peu moins mal venus que les autres.

On devient cuisinier, mais on naît rôtisseur.

On naît aussi poète, et Erato, la muse de la poésie, n'avait certainement pas assisté au baptême du « buveur d'eau ».

Les crimes de Vittel ont déjà fait l'objet de quelques études.

L'abbé Chapiat, dans son histoire de Vittel, en fait un récit rapide. Maître Leroy, avocat, sous le titre : « Une cause célèbre dans les Vosges », a écrit un exposé clair de quelques pages. Dans *Vittel-Journal*, quelques articles d'Ambroise Bouloumié et de Frédéric Esmez ont paru.

Le travail le plus complet est certainement celui de l'abbé Pierrefitte, ancien vicaire de Vittel, et mort en 1910, chanoine du chapitre de Saint-Dié. Il a écrit pour *Vittel-Journal* un exposé très détaillé qui a, je le sais, beaucoup intéressé les lecteurs. L'abbé Pierrefitte apporte sur le Vittel d'autrefois des renseignements très soigneusement recueillis. Il connaît à fond l'origine des familles et leur descendance. Les lieux et les transmissions de propriété n'ont pas de secret pour lui.

Sur la partie judiciaire, les crimes eux-mêmes, son exposé est loin d'avoir la même valeur. Il a étudié lui aussi le dossier judiciaire, mais il l'a lu avec des yeux très convaincus. L'idée ne lui est pas venue d'examiner les preuves, de se demander ce qu'elles valaient, de chercher en somme ce qu'il y avait au fond de la carrière et comment les Arnould auraient bien pu y enterrer leurs victimes.

Il a lu et il a cru, sans que le doute ou l'hésitation vinssent l'effleurer un seul instant. Son récit est l'exposé un peu dramatisé des dépositions des témoins, de l'odeur des cadavres qui empoisonnait le pays et des épines qui empêchaient de pénétrer dans la maison. Sans la moindre réserve, il croit Jeanne-Rose Emonet, il croit Michel Huraux, il croit tous les autres et avec quelques enjolivures, il répète ce qu'ils ont dit.

Il faut savoir gré toutefois à l'abbé Pierrefitte d'avoir repoussé quelques légendes, celle par exemple de la trappe mystérieuse, machiavéliquement ménagée dans la cuisine, et au fond de laquelle les Arnould commençaient par faire tomber les pauvres marchands de bœufs, avant de leur couper le cou et de dépecer leurs cadavres.

Peut-on voir une étude des crimes des Cardinaux dans « l'Hôtellerie sanglante », publiée par Paul Mahalin en 1885.

Paul Mahalin, originaire d'Epinal, fut tout jeune, dit-on, le collaborateur occulte d'Alexandre Dumas père. Son imagination, certes, ne devait pas être très au-dessous de celle qui avait créé les *Trois Mousquetaires* et le *Comte de Monte-Cristo*. Mahalin a publié sous son nom de très nombreux volumes dont les titres seuls indiquent le genre : *Le Duc Rouge, La Reine des Gueux, Le fils de Porthos, La Belle Limonadière* et bien d'autres. L'Hôtellerie sanglante ne se rapporte que de très loin à l'affaire de Vittel et

15

il n'est cependant point possible de la passer sous silence.

Mahalin a raconté des crimes, il a donné à ses sombres héros le nom des Arnould et choisi Vittel comme cadre de son roman. Voilà en quoi l'Hôtellerie sanglante rappelle l'affaire des Cardinaux. Tout le reste est œuvre d'imagination, et d'une imagination vagabonde, échevelée, fantastique.

Il est bien difficile de résumer l'Hôtellerie sanglante. En deux mots, voici la trame.

D'innombrables crimes ont semé la terreur dans toute la région de l'Est. Dans la plaine vosgienne, on a constaté la disparition d'une foule de gens et on ne sait ce qu'ils sont devenus. Personne ne soupçonne les Arnould qui tiennent à Vittel une auberge réputée : « Le Coq en pâte », dont le luxe relatif semble annoncer les futurs palaces de Vittel, ville d'eaux.

Ces crimes, en 1804, ont ému jusqu'à Bonaparte lui-même. Il veut en finir et, pour cela, il nomme lieutenant de gendarmerie à Mirecourt un sous-officier de sa garde, originaire de Vittel, Philippe Hattier.

Dire que Philippe Hattier était un fin limier serait fort exagéré, car son premier soin va être de tomber éperdument amoureux de la plus jeune sœur Arnould.

Il a d'abord rencontré dans une auberge de Charmes un jeune émigré, le marquis Gaston des Armoises, qui revient à Vittel pour revoir la sœur du lieutenant Hattier, dont il a eu jadis un enfant. Par un singulier hasard, il se trouve que l'émigré Gaston des Armoises a jadis sauvé la vie au dragon Hattier, alors que l'armée de Condé guerroyait contre les soldats de Hoche et de Pichegru.

Gaston des Armoises descend à l'auberge du Coq en pâte et, bien entendu, est immédiatement assassiné, en compagnie de deux ou trois voyageurs, qui se trouvaient par hasard à l'hôtellerie sanglante.

Le crime est d'autant plus avantageux pour les Arnould que, pendant la Révolution, ils ont acheté le château des Armoises, vendu comme bien national et que, dès lors, aucune réclamation n'est plus à redouter.

Les crimes continuent, passons sur les détails.

Puis, pendant que le lieutenant de gendarmerie, décidément pas très fort, continue à ne rien trouver du tout, arrivent des agents de Fouché et, à l'aide de moyens fort mélodramatiques, ils arrivent à lever à peu près le couvercle qui recouvre le pot aux roses, en l'espèce l'auberge du Coq en pâte.

Toute la famille Arnould est surprise dans une cave, au moment où elle fait l'inventaire des dépouilles de ses innombrables victimes. Une fusillade opportune débarrasse la scène des personnages dont le sort devenait bien difficile à régler. En particulier, une balle traverse le cœur de la jeune Florence Arnould, la petite Cardinal. On ne sait trop pourquoi, en toilette de mariée, elle suivait dans la cave tragique le lieutenant de gendarmerie qui, le jour même, venait de la conduitre à l'autel.

Tous les Arnould sont, bien entendu, arrêtés, jugés, condamnés, exécutés.

Denise, la sœur du lieutenant, qui, entre temps, avait bien failli épouser Joseph Arnould, entre au couvent des Dames de la Visitation à Nancy ; le fils qu'elle a eu jadis du marquis Gaston des Armoises meurt de consomption. Philippe Hattier, comprenant un peu tard qu'il n'a pas beaucoup de dispositions pour la gendarmerie, rentre dans la troupe et se fait tuer à Wagram.

L'Hôtellerie sanglante mérite bien son nom.

Sans compter les Arnould, morts sous la main du bourreau à Épinal et les soixante cadavres qu'on retrouve ensevelis dans le jardin du Coq en pâte, il y a bien une quinzaine de morts violentes.

Ceux qui aiment le roman cinéma et les émotions vives, sans trop se cabrer devant l'invraisemblable, peuvent passer quelques heures à lire les effrayantes péripéties imaginées par Paul Mahalin.

Si on veut rester dans la vérité, il n'y a qu'une chose à retenir, c'est que les crimes de Vittel ont laissé dans l'imagination populaire un souvenir tel qu'ils ont pu tenter un auteur dont Alexandre Dumas n'avait pas dédaigné la collaboration.

XIV

LES AUBERGES SANGLANTES

Les auberges sanglantes jouent dans les légendes populaires un rôle de premier plan. La tradition les place au moment des diligences, dans des pays perdus, là où les routes sont peu sûres, où de redoutables bandits tuent, pillent, volent, assassinent. Rien de mieux pour faire pleurer les âmes sensibles. Les hommes, les femmes surtout, adorent ce genre de distraction.

Il est une auberge sanglante très connue, presque célèbre, celle de Peyrebeille. Son histoire est cependant assez obscure.

Le dossier a disparu peu après les débats ; seuls ont été retrouvés l'arrêt de renvoi et quelques rapports des magistrats. Les journaux n'ont donné que des comptes rendus très sommaires et

Peyrebeille revit surtout dans la tradition locale, ce qui veut dire dans la légende et l'inexactitude.

Un séduisant écrivain l'a ressuscitée sous une forme très vivante. M. Bouchardon, président de chambre à la Cour de Paris, et qui n'est autre que le capitaine Bouchardon, le juge d'instruction des grands procès de la guerre, a le don de remettre au jour, dans leur cadre et leur milieu, les vieilles affaires oubliées. Il en fait le plus attachant des romans.

Maître Malzieu, avocat au Puy, s'est lui aussi intéressé à l'auberge de Peyrebeille et en a écrit une histoire très fouillée. Les deux récits se complètent l'un par l'autre.

Chose très curieuse, l'affaire de Peyrebeille présente des analogies frappantes avec les crimes de Vittel.

Le cadre en est infiniment plus grandiose et plus tragique. Ce n'est plus la rue banale d'un village dans la plaine. Peyrebeille est au sommet des Cévennes, dans l'Ardèche, à 1.365 mètres d'altitude. C'est presque la haute montagne, propice aux grands crimes et aux mystères sanglants. La maison est bâtie sur la grande route d'Aubenas au Puy, maison basse, aux étroites fenêtres, pour mieux se garantir des vents qui balayent le plateau, de la neige qui l'ensevelit, du froid qui le pénètre. Peyrebeille, d'un côté, voit l'Auvergne et la riche Limagne, de l'autre, elle aperçoit le Rhône et sa vallée, au delà les Alpes et ses glaciers ; elle devine à l'horizon lointain le Languedoc et ses vignes, la Provence et sa mer bleue. Voilà un endroit où de grands crimes sont bien placés, ils ont une scène digne d'eux.

Donc, au début du XIXe siècle, vivait à Peyrebeille un certain Pierre Martin, dit le Blanc, avec sa femme, Marie Breysse, et un domestique dévoué, Jean Rochette, dont la légende, on ne sait trop pourquoi, a fait un nègre, mais qui, en réalité, était un simple paysan languedocien.

En 1831, on trouva sur les bords de l'Allier, à trois lieues de l'auberge, le cadavre d'un individu assassiné : Antoine Anjolras, riche propriétaire des environs. On soupçonna les Martin de l'avoir tué et dévalisé. C'était bien possible, mais voici le curieux de l'histoire.

Aussitôt, comme à Vittel, en une vague profonde et irrésistible, l'opinion se souleva. Unanime, elle accusa Martin, sa femme et leur domestique de crimes multiples et mystérieux. Depuis de très longues années, ils assassinaient et détroussaient les malheureux voyageurs que leur mauvaise étoile conduisait à leur auberge.

Aux Martin comme aux Arnould, on reprocha leur fortune rapide. Leur aisance relative, c'étaient leurs crimes qui la leur avaient donnée.

Plus curieux encore.

Ce sont les mêmes témoins à Vittel et à Peyrebeille, il n'y a qu'à changer les noms. Ce sont les mêmes attaques nocturnes, les mêmes vols, les mêmes brutalités.

La similitude des dépositions est frappante. Elles semblent dans les Vosges et dans l'Ardèche émaner des mêmes personnes. Des causes semblables produisent toujours les mêmes effets. L'âme humaine est éprise du mystérieux, de l'inconnu ; elle se complaît dans l'inexplicable. Elle a créé Peyrebeille à l'image de Vittel.

Claude Pagès, Antoine Boët, à Peyrebeille voient transporter des cadavres tout comme Jeanne-Rose Emonet. Baptiste Pathès remarque que la cuisine des Martin a été lavée à grande eau, sans doute pour faire disparaître les traces de sang. Le sang lavé, c'est François Dupont qui l'a vu à Vittel. A Peyrebeille, c'est du moins la tradition qui le dit, Bissac aperçoit des mains coupées, mais elles bouillaient dans une marmite d'eau chaude. Les mains qu'a vues Briot chez les Arnould étaient, celles-là, déposées dans un panier.

A Peyrebeille, c'est aussi un homme qui s'enfuit tout ensanglanté, la nuit, de l'auberge et, tout comme à Vittel, il est en chemise et personne ne l'a revu. La seule différence, c'est que, dans les Vosges, le témoin s'appelait Étienne Villemin, et que dans l'Ardèche, il se nommait Rose Ytier, veuve Bastidon. A part cela, les deux récits sont identiques, calqués l'un sur l'autre.

Semblable aussi l'attitude des témoins. Tous savaient, les battus, les volés, ceux qui avaient vu les assassinats, les transports de cadavre. Ils s'étaient tus tous ensemble ; tous, ils ont parlé à la fois.

Laurent Chaze, un mendiant comme Michel Huraux, couchait, comme Diodiche, sur le grenier par charité, quand il a vu assassiner un voyageur.

Il y a à Peyrebeille le frère de Michel Huraux, son nom est Vincent Boyer. Huit années avant, c'est juste le temps indiqué par Michel Huraux, il couchait par hasard dans l'auberge rouge. Il était jeune alors, mais il se souvient très bien que, dans la nuit, il fut réveillé par les cris d'angoisse d'un voyageur qu'on égorgeait. Il entendit et vit toute la scène. Inutile d'en dire plus, il suffit de relire le récit de Diodiche.

Pourquoi celui-ci à Vittel, pourquoi Vincent Boyer à Peyrebeille n'avaient-ils pas parlé plus tôt. Comment se rappelaient-ils, bien des années plus tard, avec une saisissante netteté, le sanglant souvenir de leur enfance.

Leurs raisons étaient sans doute les mêmes, elles n'en restent pas moins inexplicables. Elles justifient la cinglante apostrophe de Me Croze, l'avocat des Martin devant la Cour d'Assises.

« Vincent Boyer, vous n'êtes pas, vous ne pouvez pas être un honnête homme. Un honnête homme ne garde pas pendant huit ans un secret aussi terrible que celui dont vous êtes venu faire ici la révélation. »

On ne saurait mieux dire. Colin, Martin, Maurice, les défenseurs d'Épinal, ont sans doute, dans des termes semblables, apostrophé Michel Huraux.

Martin, sa femme et son domestique Rochette furent condamnés à mort, le 25 juin 1833, par la Cour d'Assises de l'Ardèche, et exécutés à Peyrebeille, face à leur maison, le 2 octobre 1833, à l'heure de midi. Le voyage de Privas à Peyrebeille, en charrette escortée de gendarmes, avait duré deux jours.

Similitude frappante dans les témoignages et les accusations, mais par ailleurs différences essentielles entre Peyrebeille et Vittel.

Les aubergistes de Peyrebeille furent condamnés, exécutés, pour le seul meurtre d'Anjolras, habitant du pays, victime identifiée, dont le cadavre avait été retrouvé pas très loin de leur maison.

Les meurtres mystérieux, les disparitions d'inconnus, les assassinats dans la nuit, les transports de cadavres, qu'étaient-ils devenus ?

Les magistrats, plus sceptiques et plus avisés en 1833 qu'en 1805, avaient commencé par écarter bon nombre de ces crimes qui leur paraissaient peu vraisemblables. Pour les autres, le jury de l'Ardèche ne crut pas aux témoins qu'avaient écoutés jadis les jurés des Vosges, avec tant de complaisance.

Il acquitta. Le progrès était sérieux.

Judiciairement, il n'y a plus à Peyrebeille d'auberge rouge. Seul l'assassinat d'un habitant du pays a été commis.

Mais il est bien évident que l'imagination populaire ne s'est pas inclinée. Tout de suite, elle avait créé une hôtellerie sanglante, elle l'a conservée dans la légende et dans la tradition.

Elle continue à voir dans Peyrebeille un coupe-gorge où sont morts d'innombrables voyageurs. Voilà ce qu'elle a fait du meurtre d'Anjolras.

J'ai sous les yeux une carte postale très en vogue dans la région de l'Ardèche ; elle représente la fort modeste maison des Martin. Dans un coin, ce quatrain :

Passant, donne un regard à cette ferme infime,
Car c'était là jadis que la mort t'attendait.
La maison du refuge était l'antre du crime
Et, dès le seuil franchi, nulle âme ne sortait.

Comment, après cela, douter des assassinats. A l'époque, on n'avait découvert les restes d'aucune victime. Pour expliquer les assassinats, on supposa que sans doute les meurtriers faisaient brûler les restes de leurs victimes dans le four à pain de la ferme. A Vittel, le juge de paix Thouvenel et la foule avaient pensé que les Arnould faisaient manger les cadavres par leurs chiens, après les avoir fait bouillir.

Aujourd'hui encore, les voyageurs, les touristes, les autos cars qui passent de la vallée de la Loire dans celle du Rhône, à travers les Cévennes, s'arrêtent sans y manquer devant l'auberge rouge, et on leur montre le four dans lequel ont été brûlés les assassinés de 1830.

Aucun des documents judiciaires qui ont subsisté ne fait allusion au four et aux ossements qui y auraient été trouvés, mais cela n'a pas d'autre importance. Le four est devenu historique. C'est une des curiosités du pays et il rapporte à son propriétaire beaucoup plus que les champs de la ferme.

Bien entendu, je n'ai aucune idée sur la culpabilité ou l'innocence des assassins d'Anjolras. Le jury a statué, restons-en là. Il m'a seulement paru curieux de dire qu'au Midi et à l'Est les accusations avaient été les mêmes, et les témoins aussi, quand il s'était agi des meurtres mystérieux.

N'est-ce pas une raison de plus de douter des témoins de Vittel ? Les magistrats de 1833, les jurés de l'Ardèche sont restés incrédules. Ceux des Vosges n'auraient-ils pas bien fait d'être aussi sceptiques ? La réponse n'est pas douteuse.

Il est certainement de par le monde d'autres auberges sanglantes. Je n'ai pas poussé mes recherches assez loin pour les découvrir. Ne rencontrerait-on pas à nouveau des analogies ? Il serait, en tout cas, intéressant de les chercher.

J'ai bien trouvé, en Lorraine même, une vague tradition. Elle dit que jadis, dans des temps très lointains que personne ne peut fixer, il y avait, vers la Moselle ou le Madon, un ermite assassin. Elle précise que l'ermite faisait trébucher les voyageurs sur une corde tendue près de sa demeure, qu'il les tuait une fois qu'ils étaient à terre. Il faisait ensuite disparaître les cadavres dans un vieux puits des environs.

Qu'y a-t-il de vrai dans cette légende, je l'ignore. Il est probable qu'elle a un fonds de vérité ou tout au moins un point de départ. Elle est trop vague pour qu'il soit possible de la vérifier. Ce qu'il y a de sûr, c'est qu'elle fait partie, comme les crimes des Cardinaux, des histoires qui, de génération en génération, se transmettent à travers les âges dans les veillées du soir. Elle se perpétuera sans doute encore bien longtemps et personne ne saura jamais quel était cet ermite assassin.

Une auberge sanglante, on a presque failli en découvrir une ces temps derniers en Lorraine, et cette fois encore, dans l'arrondissement de Mirecourt, où l'honnêteté de la population est pourtant légendaire.

En décembre 1924, les journaux locaux annoncèrent que, voulant remplacer un vieux plancher, un habitant de Rouvres-en-Xaintois, non loin de Vittel, creusa le sol en dessous de sa maison. A trente ou quarante centimètres, il mit à jour des ossements humains, noircis et pétrifiés, paraissant, en tout cas, avoir été mis en terre il y avait fort longtemps.

Les journaux ajoutaient : on se perd en conjectures sur cette macabre découverte, et tout de suite, l'auberge rouge. La maison, une des plus anciennes du pays, devait autrefois être isolée et habitée par des hôteliers qui faisaient disparaître les voyageurs pour les dévaliser. Pour être juste, il faut ajouter que les journaux, semblant un peu sceptiques, émettaient aussitôt après l'hypothèse que la maison avait bien pu être bâtie sur l'emplacement d'un ancien cimetière.

En réalité, ni l'une, ni l'autre de ces suppositions ne paraît être la bonne. La vérité semble plus cruelle et plus tragique que s'il y avait eu dans la maison de Rouvres de multiples assassinats.

Mal renseigné par les autorités locales qui signalaient un crime récent, le parquet de Mirecourt se transporta. Un médecin légiste fut commis, et bien entendu, il conclut sans hésitation à une inhumation très ancienne.

A signaler que, là aussi, les os des côtes avaient disparu et qu'à Rouvres, tout proche de Vittel, on ne retrouva que les crânes et les os longs des jambes, comme dans la carrière de 1804.

Le médecin, très curieux d'histoire locale, voulut tirer l'histoire au clair. Avec l'aide de l'instituteur, il recueillit dans le village une tradition qui disait que jadis, vers le XVIe siècle, Rouvres avait été pillé, dévasté, brûlé par des bandes de reîtres venus d'Allemagne. Les souvenirs locaux ajoutaient que là où les ossements avaient été trouvés s'élevait autrefois une ferme assez importante, brûlée par les reîtres et sur l'emplacement de laquelle on avait, par la suite, reconstruit la très modeste maison qui subsiste encore.

Tout faisait penser alors que les ossements trouvés étaient ceux des malheureux habitants, ensevelis sous les ruines de leur maison.

Rien n'était plus facile que de vérifier la tradition. Si, au village de Rouvres, elle est un peu vague, elle n'en est pas moins très exacte. Le passage des reîtres en Lorraine, leurs dévastations ne sont malheureusement que trop vrais. Il a été un épisode sanglant des guerres de religion. En 1587, à la suite de l'édit de Nemours qui plaçait les protestants sous un régime de rigueur, Henri de Navarre, le futur Henri IV, et les réformés firent appel à leurs coreligionnaires d'Allemagne. Une armée de trente mille hommes, composée d'Allemands, de Suisses et de Français, se réunit en Alsace, sous les ordres d'un seigneur allemand, le burgrave de Dohna. Le duc de Lorraine, Charles II, ne réussit pas à l'arrêter. Les reîtres pénétrèrent en Lorraine par Sarrebourg, Lorquin, Domèvre et Gerbéviller ; ils la traversèrent jusqu'à Vaucouleurs, en passant par Mirecourt et Rouvres, et sur leur passage, ils pillèrent, ils brûlèrent, ils assassinèrent. Leurs dévastations furent terribles. La Lorraine fut mise à feu et à sang. Ce n'était pas la première fois dans son histoire, ce ne devait pas, hélas ! être la dernière.

Mais les Lorrains furent vengés. Le duc de Guise rejoignit les reîtres, les battit dans deux rencontres et, les suivant à travers la Bourgogne et la Franche-Comté, pénétra derrière eux dans le comté de Montbéliard. Comme c'était un pays protestant, Guise le ravagea aussi cruellement que les reîtres avaient dévasté la Lorraine catholique.

Pillages, meurtres, incendies, nous avons revu cette manière de faire la guerre. La Lorraine, terre d'invasion et de batailles. Gerbéviller, brûlé en 1587 par les reîtres allemands du burgrave de Dohna, l'a été de nouveau, en 1914, par les Bavarois du prince Ruprecht. Combien de cadavres pouvait-on compter au soir de l'incendie ?

Telle est l'histoire des squelettes de Rouvres. Elle est plus tragique, plus cruelle que si les pauvres paysans lorrains de mil cinq cent quatre-vingt-sept était tombés sous les coups d'aubergistes bandits.

XV

SI LES CARDINAUX ÉTAIENT JUGÉS DEMAIN

J'en ai fini. Que conclure ?

Oh, une chose bien banale encore, mais si elle est banale, c'est qu'elle est vraie.

Un penseur a dit : Je ressens un grand frisson, quand je vois un homme ayant le redoutable devoir de juger un autre homme. Ce mot d'épouvante, on l'a prêté à Waldeck-Rousseau, à Lammenais. Il doit être plus ancien, son âpre vérité est de tous les temps. Le devoir de juger a été et sera toujours redoutable.

Cette épouvantable chose qu'est une erreur judiciaire, peut-on espérer l'éviter tout à fait ? Celle de 1805, Pommier, Delpierre, Perrin l'ont préparée, la Cour de justice criminelle l'a accomplie.

Tous ils ont eu la foi du charbonnier et ils ont eu tort. Mais qui est venu les éclairer ?

Aujourd'hui, quand on ferme le dossier des Cardinaux, n'est-il point une espérance ?

Une telle monstruosité judiciaire, le mot n'est pas trop fort, serait-elle encore possible ?

N'y a-t-il pas un progrès, et, si léger soit-il, n'apporte-t-il pas une consolation ?

Si, demain, les cadavres et les ossements dispersés étaient découverts dans la carrière de Vittel, que se passerait-il ?

A peine les magistrats de Mirecourt auraient-ils commencé leur instruction que la France entière en connaîtrait les détails.

Les correspondants locaux, toujours à l'affût des histoires tapageuses, en auraient vite informé les grands journaux de Paris et de la province. Pour peu que le moment s'y prêtât, que la politique fît trêve, qu'il n'y eût à Paris aucun scandale mondain, et pas de mort retentissante, la presse s'attacherait à l'affaire mystérieuse.

La presse, on l'a dit bien souvent, est comme la langue d'Ésope, la meilleure et la pire des choses. En matière de justice, il ne faut pas toujours sous-estimer son rôle.

Une nuée de reporters arriverait à Vittel et à Mirecourt. Dans des colonnes entières, les journaux raconteraient ce qui se passe. Ils feraient paraître les vues de la maison du crime et celles de la carrière.

Ils reproduiraient les photographies des Arnould, celles de leurs avocats. Peut-être le juge d'instruction et le procureur de la République, à la fois confus et flattés, se laisseraient-ils aller à donner les leurs.

Vittel, pour quelques jours du moins, serait en vedette. La presse, cela est sûr, donnerait tout au long la liste des victimes. Un beau matin, les trois Dédiot, et Philippe et Compagnon et Pierre, en ouvrant leur journal, apprendraient qu'ils sont morts. Leur premier soin, il n'est guère permis de douter, serait de protester et de crier à tous qu'ils sont encore en vie.

Des victimes, on n'en trouverait plus.

Aujourd'hui, les journaux, à eux seuls, suffiraient à arrêter le drame des Cardinaux.

Serait-il même besoin de leur intervention. Des lois récentes ont adouci les rigueurs de nos codes, des habitudes nouvelles en ont rendu l'application plus humaine et plus douce.

Dès la première heure, l'avocat pénètre dans le cabinet du juge et la cellule du prisonnier. Tout de suite, il guide et il conseille.

Imagine-t-on aujourd'hui un magistrat qui négligerait de rechercher ce que sont devenus et les Dédiot et les autres. Le juge le plus médiocre et le moins avisé saurait vite, par une lettre banale, si vraiment des marchands de bœufs ont disparu du Morvan ou de la Bourgogne, sans plus jamais donner de leurs nouvelles.

La médecine légale viendrait à son aide.

Elle lui dirait qu'après tout, rien ne permet de penser que ces cadavres ont été enterrés là, il y a dix ans à peine ; que loin de là, ces ossements paraissent plutôt provenir d'un temps très reculé.

Il saurait mieux, ce juge, que le cerveau humain n'est pas parfait. La médecine lui montrerait le spectre de l'hystérie. Il se dirait que des femmes comme Jeanne-Rose Emonet, des enfants arriérés, comme Michel Huraux, qui ont vu des choses si fantastiques, ne peuvent être crus assez pour que, sur leur seul témoignage, cinq têtes tombent.

Aujourd'hui, à n'en guère douter, si les Arnould étaient arrêtés, ils ne tarderaient guère à rentrer à Vittel.

Si une série de fatalités les conduisaient jusqu'à la Cour d'Assises, leur acquittement ne pourrait faire de doute, acquittement à l'unanimité, comme jadis a été prononcée leur condamnation.

La marche vers le progrès est lente. N'est-il point consolant de dire que, dans les grandes affaires criminelles, elle n'a pas été tout à fait insensible.

Peut-être bien nos mœurs et nos lois actuelles ont-elles d'autres défauts.

Certes, ce n'est guère douteux ; mais dans toutes les institutions humaines, dans toutes les affaires de ce monde, la perfection existe-t-elle ?

La sagesse, la seule vraie, n'est-elle pas de choisir, entre des inconvénients sans nombre, la solution qui en présentera le moins.

Si, sur la route dont nous n'apercevons pas la fin à l'horizon lointain ; si, sur cette route qui mène au progrès, nous avons fait depuis un siècle quelques petits pas, réjouissons-nous.

Mais de grâce, ne nous arrêtons pas, il y a encore du chemin à faire.

TABLE DES MATIÈRES

ACHEVÉ D'IMPRIMER
LE 10 DÉCEMBRE 1925
PAR EMMANUEL GREVIN
A LAGNY - SUR - MARNE

www.ingramcontent.com/pod-product-compliance
Ingram Content Group UK Ltd.
Pitfield, Milton Keynes, MK11 3LW, UK
UKHW022054260726
13993UKWH00001B/110

9 782329 201382